Übersicht zu inhaltlichen Schwerpunkten im Fach Erziehungswissenschaft im Zentralabitur NRW ab 2017

Inhaltsfelder mit inhaltlichen Schwerpunkten	Konkretisierte inhaltliche Schwerpunkte (GK/LK)	Kursbuch Erziehungswissenschaft (Neuausgabe 2014)	Kursbuch Erziehungswissenschaft Zentralabitur NRW ab 2017
Inhaltsfeld 3: Entwicklung, Sozialisation und Erziehung: Interdependenz von Entwicklung, Sozialisation und Erziehung	Moralische Entwicklung am Beispiel des Just-Community-Konzeptes im Anschluss an L. Kohlberg	S. 265–288	
	Sozialisation als Rollenlernen (symbolischer Interaktionismus)	S. 290–309	
	Entwicklungsaufgaben des Jugendalters nach K. Hurrelmann	S. 380–390	
	Bedeutung des Spiels nach G. H. Mead und G. E. Schäfer (nur LK)	S. 342–362	*Neu* Bedeutung des Spiels nach George Herbert Mead (nur LK)
Inhaltsfeld 3: Entwicklung, Sozialisation und Erziehung: Erziehung in der Familie		S. 190–206	
Inhaltsfeld 3: Entwicklung, Sozialisation und Erziehung: Erziehung durch Medien und Medienerziehung		S. 363–371	
Inhaltsfeld 3: Entwicklung, Sozialisation und Erziehung: Unterschiedliche Verläufe von Entwicklung und Sozialisation		S. 184–189	

Inhaltsfeld 3: Entwicklung, Sozialisation und Erziehung: Pädagogische Praxisbezüge unter dem Aspekt von Entwicklung, Sozialisation und Erziehung in Kindheit, Jugend und Erwachsenen-alter		S. 372–379 S. 432–460	
Inhaltsfeld 4: Identität: Besonderheiten der Identitätsentwicklung in Kindheit, Jugend und Erwachsenenalter sowie deren pädagogische Förderung	Interdependenz von Streben nach Autonomie und sozialer Verantwortlichkeit im Modell der produktiven Realitätsverarbeitung		*Neu* Interdependenz von Streben nach Autonomie und sozialer Verant-wortlichkeit im Modell der pro-duktiven Realitäts-verarbeitung
Inhaltsfeld 4: Identität: Anthropologische Grund-annahmen zur Identität und ihre Auswirkungen auf pädagogisches Denken und Handeln	Unzureichende Identitäts-entwicklung am Beispiel von deviantem Verhalten und der Gefahr von Identitätsdiffusion auch in sozialen Netzwerken (Web 2.0; Web 3.0; …)	S. 225–244 S. 416–431	*Neu* Identitätsdiffusion in sozialen Netz-werken (Web 2.0; Web 3.0; …)?
Inhaltsfeld 4: Identität: Identität und Bildung	Möglichkeiten und Gren-zen persönlicher Lebens-gestaltung mit Blick auf Bildung und Beruf (nur LK)	S. 310–323	*Neu* Möglichkeiten und Grenzen persönlicher Lebensgestaltung mit Blick auf Bildung und Beruf (nur LK)
Inhaltsfeld 5: Werte, Normen und Ziele in Erziehung und Bildung: Historische und kulturelle Bedingtheit von Erzie-hungs- und Bildungspro-zessen		S. 463–499	

Inhaltsfeld 5: Werte, Normen und Ziele in Erziehung und Bildung: Erziehung in verschiedenen historischen und gesellschaftlichen Kontexten	Erziehungsziele und -praxis in beiden deutschen Staaten von 1949–1989	S. 569–571	*Neu* Erziehungsziele und -praxis in beiden deutschen Staaten von 1949–1989
	Montessoripädagogik als ein reformpädagogisches Konzept	S. 327–341	
Inhaltsfeld 5: Werte, Normen und Ziele in Erziehung und Bildung: Interkulturelle Bildung		S. 580–607	
Inhaltsfeld 6: Pädagogische Professionalisierung in verschiedenen Institutionen: Institutionalisierung von Erziehung	Funktionen von Schule nach H. Fend	S. 609–617	*Neu* Funktionen von Schule nach Helmut Fend
	Einbindung in Institutionen am Beispiel von Vorschuleinrichtungen	S. 618–620	
Inhaltsfeld 6: Pädagogische Professionalisierung in verschiedenen Institutionen: Vielfalt und Wandelbarkeit pädagogischer Berufsfelder		S. 621–622	

Erklärung:
Rot gekennzeichnete Schwerpunkte gelten für GK und LK,
blau gekennzeichnete Schwerpunkte gelten nur für LK.
Zur weiteren methodischen und inhaltlichen Vorbereitung der Abiturprüfung wird auf das **KURSBUCH Erziehungswissenschaft** (Neuausgabe 2014), S. 630–687 und S. 688–715 verwiesen.

Inhaltsverzeichnis

1. Bedeutung des Spiels nach George Herbert Mead (nur LK)

(Foto: Georg Bubolz, Erkelenz)

„Spiel ist nicht Spielerei, es hat hohen Ernst und tiefe Bedeutung.“

Friedrich Fröbel

1.1 Hinführung: Erich Kästner, Pädagogik spaßeshalber (Ein altes Kinderspiel, renoviert)

Erich Kästner, 1899 in Dresden geboren, hat seine ersten Gedichte bereits in der Schülerzeitung des Gymnasiums veröffentlicht. 1918 absolvierte er das Strehlener Lehrerseminar. Er studierte weiter in Leipzig – später auch in Rostock und Berlin – die Fächer Germanistik, Geschichte, Philosophie und Theatergeschichte und arbeitete als freier Schriftsteller. Von 1933 an wurden verschiedene seiner Arbeiten durch die Nationalsozialisten verboten. Er wurde wiederholt verhaftet, aber immer wieder freigelassen. Trotz späterem völligem Schreibverbot emigrierte er nicht. 1974 starb Erich Kästner im Alter von 75 Jahren in München.

Das größte Kind muss an die Tafel schreiben.
Und dauernd ernst sein. Und den Lehrer machen.
Die andern Kinder dürfen Kinder bleiben.
Und sollen nur, wenn er's verbietet, lachen.

Dann gibt das große Kind zunächst den Kleinen
ein schwieriges Diktat. Mit Das und Dass.
Die Mädchen müssen, wenn sie können, weinen.
Sonst machen sie die Hefte anders nass.

Dann folgt ein Ausflug. Über Perserbrücken.
Rund um den Tisch. Mit Rucksack und Gesang.
Und in den Vasen kann man Blumen pflücken.
Und wandert dreißigmal die Wand entlang.

Die Teppiche sind selbstverständlich Wiesen.
Hier wird gefrühstückt; und hier ruht man aus,
indes im Bad die Wasserfälle fließen.
Dann wandert man, rund um den Tisch, nach Haus.

Am schönsten ist natürlich das Examen.
Da hat der Lehrer einen Gehrock an
und fragt nach Wilhelm Tell und Städtenamen.
Und ob der Artur wohl den Handstand kann.

Dann gibt's Zensuren. Karl und Gustav schwitzen.
Doch Gustav blieb in diesem Jahr verschont.
Nur Karl der Faule bleibt schon wieder sitzen.
Und sagt ganz laut: „Das bin ich nun gewohnt."

Und dann sind Ferien. Und alle lachen.
Das große Kind zieht flugs den Gehrock aus
und hängt ihn in den Schrank, zu Vaters Sachen.
Denn: Vater kommt um diese Zeit nach Haus.

(Erich Kästner, Gesammelte Schriften für Erwachsene, Band 1: Gedichte, Droemer Knauer, München/Zürich 1969, S. 140; © Atrium Verlag, Zürich 1969)

1 Interpretieren Sie das Gedicht u. a. unter der Fragestellung, wie bestimmte Rollen gelernt und Positionen, Einstellungen und Verhaltenserwartungen erworben werden.
2 Erörtern Sie, welche Bedeutung dem Spiel dabei zukommt.

1.2 Grundzüge der Theorie George Herbert Meads

Hein Retter, geboren 1937 in Berlin, war bis zu seiner Emeritierung Professor am „Institut für allgemeine Pädagogik und technische Bildung" der technischen Universität Braunschweig – Abteilung Historisch-Systematische Pädagogik. Er referiert zur Bedeutung des Spiels aus der Sicht des symbolischen Interaktionismus nach George Herbert Mead.

Unter sozialem Aspekt ist Spiel ein Vorgang der Interaktion. Das Spiel mit anderen Personen (Spielpartnern) hängt eng mit der Entwicklung sozialer Grundfertigkeiten zusammen. Was sind solche sozialen Grundfertigkeiten? Im Spiel, insbesondere im Rollenspiel, nehmen die Kinder verschiedene Rollen ein, die nicht streng festgelegt sind, aber auch nicht völlig frei sind: d. h. sie bieten Balancen zwischen Rollenfixierung und Rollengestaltung. Im Spiel lernen Kinder,

- Wünsche zu artikulieren (Bedürfnisrepräsentation);
- unterschiedlich-diskrepante Rollenvorstellungen miteinander zu integrieren (Ambiguitätstoleranz);
- die Erwartungen anderer mit den eigenen Interessen abzuwägen (Empathie, gleichzeitiger Erwerb von sozialer und personaler Identität; erst durch das Kennenlernen des anderen gelingt die eigene personale Identität);
- Situationen mit anderen gemeinsam zu definieren, d. h. der Situation dieselbe Sinnperspektive zu unterlegen.

Um im Spiel mitreden zu können bzw. um als Außenstehender eine Spielhandlung zu verstehen, muss man die dem Spiel zugrundeliegende Sprache, die Bedeutung des Geschehens erkennen. Der Sinn des Handelns wird durch Regeln konstituiert – aber er ergibt sich nicht ausschließlich als das Ergebnis einer deterministischen Regelbefolgung; in der Alltagskommunikation würde dies einer extrem starren Rollenfixierung gleichkommen. Tatsächlich sind Spiel und Alltagskommunikation flexible Systeme, die über genügend Kontingenz verfügen, um innerhalb eines gemeinsamen Sinnhorizontes der Interaktionspartner dem Geschehen neue, überraschende Wendungen zu verleihen.

Die Ungewissheit des Ausgangs unseres Handelns und die Einsicht, dass unser Tun auch von anderen, von uns nicht steuerbaren Einflussgrößen abhängt, verleihen Begriffen wie „Erwartung" und „Hoffnung" überhaupt erst ihren besonderen Sinn. So lassen sich Zusammenhang und Differenz zwischen Spiel und Alltagskommunikation auf folgenden Nenner bringen: Im Alltag leben wir unser Leben gleichsam scheibchenweise in „Fortsetzungen", d. h. in aneinandergereihten Sinn- bzw. Zeitsegmenten. Im Spiel setzen wir demgegenüber immer wieder neu an. Der Satz „Neues Spiel – neues Glück", reicht in seiner Bedeutung weit über das Glücksspiel hinaus und meint: Neue Erwartung – neuer Konflikt – neue Spannung bis zum Ende.

Das Spiel bietet mannigfache Erfahrungen sozialen Lernens. In diesem Prozess bildet sich allmählich die Identität des Kindes aus, die man auch als den Kern der Persönlichkeit bezeichnen kann. Von der Theorie des Symbolischen Interaktionismus (G.H. Mead) wissen wir, dass die Identität als ein Balanceverhältnis zwischen zwei Momenten zu deuten ist: Das eine Moment rekrutiert sich aus den Erwartungen der sozialen Umwelt, die als Verhaltensnormen an mich herangetragen werden (Verhaltensregeln, „Spielregeln") und an denen ich, mehr unbewusst als bewusst, mein Verhalten ausrichte. Diese Verhaltenserwartungen sind im Laufe der Entwicklung ein Teil meiner selbst geworden. Mead nennt diesen Aspekt der Identität „me". Das zweite Moment, das mit dem „me" in ständiger Wechselwirkung steht, nennt Mead „I". Es repräsentiert jene Vorstellungen, Bedürfnisse, Interessenlagen, die aus dem „Innern" meiner selbst in mein Bewusstsein gelangen. Das „I" ist nach Mead sehr viel unbestimmter, weniger festgelegt, als das „me". Es sichert Freiheit, Spontaneität, Handlungsinitiative. Merke:

– Ein extremes Übergewicht des „me“ führt langfristig zu sozialer Abhängigkeit und Erwartungsängsten:
Ich richte mich ständig nach den vermeintlichen Erwartungen anderer und wage nicht, gegenüber anderen meine eigenen Interessen zu formulieren und zu vertreten.
– Ein extremes Übergewicht des „I“ bedeutet die Missachtung der Erwartung anderer zugunsten der eigenen Bedürfnisse, es führt langfristig zu Egoismus, Selbstüberschätzung, Überheblichkeit.
– Im sozialen Spiel lernt das Kind die richtige Balance zwischen beiden Aspekten: einerseits sich an Regeln zu halten, andererseits – z. B. beim Mogeln des Spielpartners – die eigenen Interessen wahrzunehmen; weil das Spiel ein System interaktiven Gleichgewichts ist, fördert es sozial erwünschte Verhaltensweisen wie Gerechtigkeit, Metakommunikation, Empathie (= die Fähigkeit, sich in andere einzufühlen und im eigenen Handeln die Interessen anderer zu berücksichtigen).
Kinder lernen, wie Mead deutlich machte, insbesondere durch die Sprache (sprachliche Interaktion) und durch Spiel (insbesondere Rollenspiel) ein Verhaltensrepertoire aufzubauen, das „me“ und „I“ im Zuge der Entwicklung in ein ausgewogenes Balanceverhältnis bringt. Darum ist aber auch für Eltern wichtig, mit ihrem Kind (ihren Kindern) zu spielen. Im Spiel wird zwischen den Spielpartnern immer ein „mittlerer Abstand“ (Sutton-Smith) hergestellt, der das Kind weder der elterlichen Überbeschützung, noch der sozialen Kälte und Vernachlässigung aussetzt.
Übergang zu einer allgemeinen rollentheoretischen Betrachtung des Spiels: Spielsituationen können mit Goffman bestimmt werden „als soziale Situationen, in denen durch eine gemeinsame Situationsdefinition ein gegebener gesellschaftlicher Kontext in eine fiktive Situation verwandelt wird“. (Goffman, S. 31)
Rollenspiel setzt voraus, dass ich die Bedeutung eines Objektes oder Zeichens durch eine andere Bedeutung ersetzen kann: Für das Kind wird der hinterhergezogene Gürtel zum Hund an der Leine, die Papierkrone macht es zur Königin, aus der Stuhlreihe ist ein Personenzug geworden. Was von Eltern und Kindern selbstverständlich als „Spiel“ begriffen wird, ist für den Kommunikationsforscher ein hochkomplexer Vorgang metasprachlicher Verständigung. Rollenspiele sind Systeme mit metakommunikativer Regelstruktur. Das heißt, ich kann mich in der Entschlüsselung dieser Umdeutungsvorgänge nur zurechtfinden, wenn ich die Beziehung zwischen den Objekten und den zugeordneten Bedeutungen kenne. Wir sind bei Kindern sofort geneigt, eine Handlung wie das Hintersichherziehen eines Gürtels als Spiel zu identifizieren. Wenn wir aber einen Erwachsenen so sehen (den Gürtel hinter sich herziehend und ihm gut zuredend), dann werden wir ihn für verrückt halten, weil in unserer Erwartung dieses Tun nicht mit einem rationalen, dem Erwachsenenstatus angemessenen Verhalten übereinstimmt. Wenn wir aber den Mann auf einer Bühne in derselben Situation sehen, haben wir wiederum eine Erklärung parat: „Aha, er spielt jetzt was, verrückt vielleicht, aber der Sinn ergibt sich vielleicht noch aus dem Stück, der Unsinn ist sicher gewollt!“ Dem Handlungsort Theater trauen wir jedenfalls zu, dass das gezeigte „Verrücktsein“ nur „gespielt“ ist; erst dann halten wir die Person nicht für geistesgestört, sondern für normal.
Dieselbe Handlung kann also in unserem geistigen Entschlüsselungssystem etwas völlig Unterschiedliches bedeuten – die richtige Bedeutung zu treffen, setzt voraus, übergreifende Sinn- und Kommunikationsstrukturen zu kennen. Genau dies aber ist Metakommunikation, nämlich Kommunikation über die Kommunikation. Ich muss als außenstehender Beobachter wissen, ob die dem Gürtel gegenüber geäußerte Mitteilung, wie etwa „braves Hündchen!“ so gemeint ist, als ob sie wirklich zu einem Hund gesprochen wird – oder nicht. Für verrückt würde man nur dann jemanden halten, wenn er wirklich meint, dies sei ein Hund; da wir uns von unseren vorgeprägten Rollen einfach nicht vorstellen können, dass ein Erwachsener wenn er so etwas tut, einfach nur (für sich selbst) spielt wie ein Kind, bleibt uns kaum etwas übrig, als ihn für verrückt zu halten.

Beim Spielen bestimmte symbolische Interaktionen vollziehen ...
(Foto: Georg Bubolz, Erkelenz)

Es ist kein Zufall, dass die Kommunikationsstörungen, die bei Schizophrenen auftreten, Therapeuten und Kommunikationsforscher dazu veranlassten, das Spiel als Erklärungsmodell heranzuziehen, um in die Kommunikationsstruktur schizophrener Patienten einzudringen. Einer der führenden Forscher auf diesem Gebiet in den 50er und 60er Jahren war Gregory Bateson. Er meinte, dass wir im Spiel gegenüber der Alltagsrealität vor allem die Besonderheit vorfinden:

(a) dass die im Spiel ausgetauschten Mitteilungen oder Signale im gewissen Sinne unwahr oder nicht [so] gemeint sind; und (b) dass das, was mit diesen Signalen bezeichnet wird, nicht existiert. (Bateson, S. 248).

Alles was im Spiel getan wird, ordnet sich gewissermaßen der Botschaft unter, die da heißt: „Dies ist Spiel!" Nur die wechselseitige Akzeptanz dieser Botschaft führt dazu, dass die jugendlichen Akteure einer Rangelei sich mit zusammengebissenen Zähnen knuffen und puffen – in einer Art, die den außenstehenden Erwachsenen meist sofort eingreifen lassen (dummerweise!), weil er den aggressiv erscheinenden Handlungen Ernstcharakter zuspricht und die Botschaft „dies ist Spiel!" nicht wahrgenommen hat. Tendenzen eines möglichen Überganges vom „Spiel" zum „Ernst" sind für Dritte nicht immer sogleich auszumachen, weil dies von der momentanen Selbstdefinition der Situation durch die Beteiligten abhängen.

(Aus: Hein Retter, Einführung in die Pädagogik des Spiels. Basistext zur Lehrveranstaltung, Braunschweig, Erstdruck 1998/Neuauflage 2003, S. 72–74, erschienen in: Spielmittel, 9. Jg. 1990, Heft 4, S. 97–103. (leicht verändert) © Hein Retter, Institut für Allgemeine Pädagogik und Technische Bildung, Abteilung Historisch-Systematische Pädagogik, TU BS; in: https://www.tu-braunschweig.de/Medien-DB/hispaed/spiel98-03.pdf - 1.12.2014)

1 Arbeiten Sie aus dem Textauszug von Hein Retter die Grundgedanken Meads zur Bedeutung des Spiels für menschliches Zusammenleben heraus.
2 Erörtern Sie die pädagogische Relevanz der Überlegungen.

1.3 Der Mensch und seine Rollen im Alltag – Spiel als Paradigma in den Geistes- und Sozialwissenschaften

Hein Retter führt weiter aus:

Bei Shakespeare heißt es bekanntlich:
„Die ganze Welt ist eine Bühne,
und alle Männer und Frauen sind nichts als Spieler.
Sie haben ihre Abgänge und Auftritte
Und ein Mensch spielt in seinem Leben viele Rollen."

Mit einer „Rolle" kann man in der Tat kaum etwas Besseres tun, als sie zu „spielen" – was immer damit gemeint sein mag. Als Konsequenz bietet sich jedenfalls die Erkenntnis an: „Wir alle sind Spieler!" – so könnte man Shakespeare interpretieren.

Sind wir wirklich alle Spieler? Zumindest die Vielschichtigkeit des Wortes „Spieler" lässt uns nachfragen. Ein Spieler – damit kann ein Aktiver eines Tennis- oder Fußballspiels gemeint sein, also jemand, der eine bestimmte Funktion in einer realen Spielsituation ausfüllt, die allerdings nur von begrenzter und überschaubarer Zeitdauer ist.

Ein Spieler par excellence kann zweitens ein Meister seines Faches sein, der sein Handwerk in höchster Vollendung ausübt und sein Spiel zum ästhetischen Genuss, ja zum Kunstwerk werden lässt. Es gibt „unsterbliche" Partien – in der Geschichte des Schachs oder des Tennissportes etwa, die das Spiel in seinem Idealbild verkörpern.

Daraus ersehen wir, dass auch im konkreten Spiel, im Sportspiel etwa, eine Bedeutungsschicht des Allgemeinen steckt, ein überzeitliches Ideal, dem sich das konkreter Geschehen immer nur nähern, es aber nie voll erreichen kann – einfach deshalb, weil konkretes Spiel immer eine besondere Art von Zeitstrukturierung darstellt, die sich erst im überzeitlichen Ideal aufhebt.

Ein Spieler kann aber ebenso derjenige sein, der nur noch spielt, dessen Lebensinhalt gleichsam zeitüberdauernd ausschließlich das Spiel ist, zumeist das Glücksspiel – wie Dostojewski es in seinem berühmten Roman geschildert hat.

Der Mensch als Spieler – das lässt sich schließlich im Shakespeareschen Sinne verstehen, insofern er im Alltag verschiedene Rollen zu spielen hat. Ein Problem besteht darin, dass der rollenspielende Mensch sich in Analogie zu einem Schauspieler verstehen könnte, der zwar ein ständig ein Repertoire von Rollen ausspielt, dessen eigentliche Identität aber letztlich im Verborgenen bleibt – womit wir noch einmal auf Shakespeare zurückkommen, denn die gerade zitierte Stelle aus „Wie es Euch gefällt" gehört zu einer Passage, mit der der englische Dramatiker das menschliche Leben in 7 Akten, sprich: 7 Lebensaltern beschreibt; am Ende heißt es nicht ohne Ironie:

„Die letzte Szene, die diese sonderbare und ereignisreiche Geschichte [des menschlichen Lebens] beendet, ist Rückkehr zum Kindischsein und purem Vergessen:
[der Mensch –] ohne Zähne, ohne Augen, ohne Geschmack – ohne überhaupt etwas!"

Auch diese Rolle spielt der Mensch also, er ist in Wahrheit nicht einer der spielt, sondern einer, der sozusagen „gespielt" wird, ins Dasein geworfen, vergänglich in seiner Existenz, in seinem Schicksal bestimmt durch Werden und Vergehen – womit wir bei Shakespeare (der ja für alles gut sein kann!) einen Anklang von existenzphilosophischer Spielbetrachtung vorfinden, wie sie im 20. Jahrhundert von Martin Heidegger bis Eugen Fink vorfindbar ist.

„Rolle" ist bekanntlich ein zentraler Begriff der Soziologie und der Sozialpsychologie. Der Mensch übernimmt aus der Sichtweise der Sozialwissenschaft Rollen. In dem Bezugsverhältnis von Mensch und Rolle müssen wir uns allerdings über eines im Klaren sein: Nur Menschen besitzen Realität, d. h. ein Ansichsein und ein Fürsichsein, Rollen dagegen sind gedankliche Konstruktionen (hypothetische Konstrukte, wie der wissenschaftliche Terminus heißt), mit denen man versucht, eine bestimmte Seite des menschlichen Verhaltens zu erklären. Soziale Rollen kann man allgemein als „Verhaltenserwartungen" definieren. Eine Theorie, die

menschliches Verhalten als ein Bündel von zum Teil übereinstimmenden, zum Teil widersprüchlichen Rollen zu erklären versucht, geht davon aus, dass der Mensch in seinem Alltag nichts anderes tut, als jene Rollen wahrzunehmen (zu spielen), die ihm seine Umwelt vorgibt, d. h. sich in einem Rahmen sozialen Handelns zu bewegen, der von den Erwartungen, von den bestehenden Normen und Wertvorstellungen der jeweiligen Bezugsgruppe bestimmt ist.
Wenn wir an das Erlernen solcher Rollen im Entwicklungsprozess des jungen Menschen denken, so hat sich dafür ein Begriff eingebürgert, der den traditionellen Erziehungsbegriff schon fast verdrängt hat, ihm aber zumindest starke Konkurrenz macht. Das ist der Begriff Sozialisation, der nichts anderes meint, als den lebenslangen Prozess des Erlernens von sozialen Rollen.
Im Erziehungsbegriff von Rousseau und Pestalozzi bis zur geisteswissenschaftlichen Pädagogik im 20. Jahrhundert kommt der Begriff Rolle sinngemäß überhaupt nicht vor. Erziehung kann in diesem traditionellen Verständnis entweder ein Ergebnis pädagogischer Einwirkungen „von außen" sein, es kann auch das Sichselbstentfalten unter Vermeidung direkter fremdbestimmter Einflüsse bedeuten, immer aber liegt dem klassischen Erziehungsbegriff die Vorstellung zugrunde, dass es so etwas gibt wie eine objektiv vorhandene, vom einzelnen Subjekt unabhängige Wirklichkeit, in der sich solche sozialen Prozesse vollziehen. Wenn man von Rollen spricht, die der Mensch zu spielen hat, wird dieses – sagen wir naive – Wirklichkeitsverständnis aufgegeben. Soziale Wirklichkeit ist aus der Sicht der Rollentheorie zum überwiegenden Teil das, was wir an Verhaltenserwartungen, an Rollen also, selbst produzieren. Rollenbezogen Interaktionen werden nicht in einer vorgegebenen Wirklichkeit entwickelt, sondern sie selbst konstituieren diese Wirklichkeit auf der Grundlage von Verhaltenserwartungen – die allerdings nicht völlig unkalkulierbar erscheinen; denn indem sich mein eigenes Verhalten durch Erwartungen anderer bestimmt, erwarte ich gleichzeitig bestimmte Verhaltensweisen meiner sozialen Umwelt und zwar in der Regel jene, die ich durch die Gewohnheit des täglichen Umganges schon immer an mir erfahren habe. [...]
Im Prozess der Interaktion von Menschen sind die Verhaltenserwartungen der sozialen Mitwelt nicht so genau mit dem Zentimetermaß abzumessen, wie man beispielsweise die eigene Bauchweite bestimmen kann; es ist – unter normalen Lebensbedingungen – ein gewisser Verhaltensspielraum für mich vorhanden, den ich allerdings auszuloten habe. Ich bin genötigt, durch meine eigenen Handlungen an den Reaktionen meiner sozialen Umwelt festzustellen, bis zu welchen Grenzen ich die Rolle, die ich zu spielen habe, selbst ausgestalten kann. Tatsächlich findet sich das, was wir „Selbstbestimmung" oder „Identität" nennen, weder in der bloßen Anpassung an die Rollen, die uns zugewiesen werden, noch durch eine Haltung, die glaubt, die Erwartung anderer völlig negieren zu können. Es handelt sich vielmehr um ein Balance-Verhältnis zwischen jenem Bewusstseinsanteil, der das Verhalten über gelernte Normen und Erwartungen steuert, und jener Art von Selbstbewusstsein, das sich relativ wenig um solche Überlegungen schert und sich einfach durchsetzen will, sei es zur Wahrung subjektiver Interessen, als Ausdruck trotzigen Widerstandes gegenüber bestehenden Abhängigkeiten oder im Zuge von Spontanhandlungen.
Es [...] gibt [...] genug Alltagssituationen, in denen wir unsere Rollengebundenheit spüren können. Ich will ein Beispiel von mir selbst geben. Irgendwann in meiner Kindheit hatte ich einmal gehört, dass es angeblich eine Briefmarkensprache geben soll. Ich weiß beim besten Willen nicht, ob es sie tatsächlich gibt, diese Briefmarkensprache, und was man alles mit der Anordnung der Briefmarken auf dem Umschlag dem Empfänger vorab signalisieren kann. Ich habe mir im Grunde nur eines gemerkt: Wenn man die Briefmarke verkehrt herum aufklebt, also das Abbild auf den Kopf stellt, dann soll das angeblich soviel heißen wie „Leck mich am ...", das Götz-Zitat also. Natürlich habe ich relativ viel Briefpost zu erledigen, da kommt es schon einmal vor, dass ich in aller Hast, fünf Minuten bevor der Briefkasten geleert wird, eine Marke umgekehrt drauf

haue – was in mir, indem ich das erkenne, sogleich einen echten Konflikt auslöst, zumal ich unter Zeitdruck stehe.
Darf ich einem bekannten Wissenschaftler, bei dem ich mich für die Zusendung eines Beitrages für einen von mir herauszugebenden Sammelband bedanke – darf ich diesem ehrwürdigen Ordinarius mittels der umgedrehten Briefmarke signalisieren: Meine Anrede, „Hochverehrter Herr Kollege“ soll eigentlich heißen: Du altes A....!? Alles, was in meinem Brief an Dank und Anerkennung steht, müsste dann von ihm so aufgenommen werden, als ob ich das genaue Gegenteil meine – eben verkehrt herum wie diese Briefmarke. Das wäre doch völlig unmöglich! Unfassbar, was er von mir denken würde!
„Reg dich nicht auf“, sagt die Stimme des Unbekümmerten in mir, „woher soll denn der gute Kollege X die Briefmarkensprache kennen? Der guckt sowieso nicht auf den Umschlag und liest nur den Brief!“
„Aber vielleicht hat er eine Sekretärin, die den Umschlag für ihn öffnet, Frauen schauen sich solche Dinge ja sehr genau an, die wird ihm das sofort erzählen!“
„Ach Unsinn“, reagiert die Stimme des Unbekümmerten in mir, „das mit der Briefmarkensprache ist doch was für Teenager, das kann man doch kein Erwachsener ernst nehmen.“
„Ja, das mag ja alles sein“, stöhnt mein Rollen-Ich, „aber weiß ich, ob er das weiß?“ – Zu guter Letzt, die Zeit drängt, löse ich die Marke ab, und klebe sie „ordnungsgemäß“ richtig herum auf.
Mein rollenbestimmtes Sicherheitsbedürfnis hat gesiegt gegenüber dem unbekümmerten Selbst.
Nebenbei: Dass jedermann um die Möglichkeit weiß, das Götz-Zitat durch eine Briefmarke übermitteln zu können, dies aber selbstverständlich meidet, halte ich deshalb für nicht ausgeschlossen, weil bei der vielen Post, die in unserem Briefkasten täglich steckt, wohl ab und zu Briefe mit Marken in verschiedenen Kreuz-und-quer-Lagen dabei sind (z. B. auf Briefen von Freunden der Kinder), aber eine einzeln umkehrt aufgeklebte Marke habe ich noch nicht erlebt – etwa Sie?
Die Sache erinnert natürlich an eine bekannte Form von Irren-Witzen. Der Irre, der überzeugt war, eine Maus zu sein, begegnet nach seiner Entlassung einer Katze, er reißt aus in panischer Angst.
„Warum denn das?“, fragt ihn der Doktor nach der Wiedereinlieferung, „Sie wissen doch, dass Sie keine Maus sind.“ „Ja, natürlich, weiß ich das – aber ob die Katze das weiß?“
Die beiden kleinen Geschichten – der Irren-Witz und das Briefmarkenerlebnis – sagen uns, dass die Rollen, die wir im Alltag ausüben, über Kommunikationsvorgänge erworben werden, unsere Kommunikation mit anderen Personen aber wiederum davon abhängt, welche Bedeutungen wir den Zeichen und Symbolen geben, mit denen wir uns verständigen.
Alltagskommunikation impliziert Verständigung über Rollen; die Signale des nonverbalen Verhaltens und der Sprache, mit deren Hilfe wir kommunizieren, enthalten Botschaften. Die Bedeutungen, die wir zwecks Kommunikation in die eigenen „Botschaften“ hineinlegen, müssen in gewisser Weise kongruent sein mit jenen Bedeutungen, die wir als an uns gerichtete Botschaften entschlüsseln.
Kommunikationsstörungen, Rollenkonflikte und Paradoxien entstehen immer dann, wenn diese Kongruenz nicht existiert, z. B. weil dasselbe Wort in einem entgegengesetzten Sinne verstanden wird, als sein Inhalt ausdrückt.
Wenn meine Partnerin zu mir sagt: „Du bist aber heute besonders liebenswürdig zu mir!“, dann werde ich diesen Satz nur dann als Kompliment entschlüsseln, wenn die Art, in der dies gesagt wird, zum Inhalt stimmig ist, also in freundlichem Ton. Sowie eine Spur von Bitterkeit die Stimme färben sollte, weiß ich sofort, dass das Gegenteil gemeint ist.
Eulenspiegel spielt seine Schalksrolle dort am eindrucksvollsten, wo er die Leute beim Wort nimmt, indem er den wörtlichen Inhalt der Aufforderungen der erbosten Bürger ausführt, nicht aber den gemeinten Sinn. Scherz, Witz und Ironie, aber auch die Drohung sind Äußerungsformen, durch die unsere Alltagsrollen in Frage gestellt werden. Sie wirken überwiegend durch Vertauschung oder Verfremdung von Bedeutungen; die „Als-ob-Signale“ die solche umfunktionierten Bedeutungen enthalten,

werden nach Regeln verstanden, die etwas mit dem Spiel gemein haben.

[…] Eine Rolle spielen bedeutet: „So tun, als ob …“, und dieses So-tun-als-ob, das wir im Alltag praktizieren, ist ebenso eine Quelle für das Rollenspiel der Kinder. Alltagskommunikation und Spielsituationen zeichnen sich dadurch aus, dass im Konfliktfall die Regeln des Handelns neu überdacht werden müssen. Wenn ein „Neuer“ zu einer Gruppe spielender Kinder stößt, dann wird zunächst darüber gehandelt, ob er überhaupt mitspielen darf, und wenn ja, welche Funktion, welche Rolle er übernehmen soll. Gespräche dieser Art wie auch jede Diskussion um eine mögliche Veränderung der Spielregel sind Metakommunikation. Die meisten Alltagskonflikte, sind kaum anders als mit Hilfe von Metakommunikation lösbar. Aber nicht in allen Fällen besteht dazu die Möglichkeit, nämlich dann nicht, wenn die Kommunikanden, ohne es zu wissen, sich in einer kommunikativen „Falle“ befinden. Ein besonders aufschlussreiches Beispiel einer kommunikativen „Falle“ beschreibt Watzlawick.

Jeder von uns hält einen gewissen Abstand zu einem fremden Gesprächspartner, ohne dass wir uns dessen bewusst sind. Wenn uns aber jemand zu nahe auf den Pelz rückt, wird uns das unangenehm. Bei einem Nordländer ist diese räumliche Distanz zum Gesprächspartner meist größer als bei einem Südländer (also bei Leuten aus Stockholm wahrscheinlich größer als bei Neapolitanern). Wenn sich aber nun ein Nordländer und ein Südländer erstmals begegnen und miteinander ins Gespräch kommen, wäre der folgende Verhaltenskonflikt denkbar: Der Südländer wird den für ihn als normal empfundenen Abstand einnehmen, für den Nordländer ist dies jedoch zu nah, so dass er unbewusst einen Schritt zurücksetzt, um seine Distanz wieder herzustellen.

Der Südamerikaner hat während des Gesprächs aber nun das unbestimmte Gefühl, dass etwas nicht stimmt, unbewusst wird er aufrücken. Das „Spiel“ geht so weit, bis der Nordamerikaner schließlich an der Wand steht und vielleicht sogar in homosexuelle Panik gerät.

So amüsant die Geschichte für den Zuhörer klingt, lösen können die beiden ihr Problem nicht – weil sie sich ihres unterschiedlichen Distanzmaßes gar nicht bewusst sind. Nur ein Dritter, der zu einem Gespräch über den Konflikt anregt, also die beiden zur Metakommunikation führt, könnte hier helfen.

Die Therapie schizophrener Patienten besteht nach Bateson in dem Versuch, „die metakommunikativen Gewohnheiten des Patienten zu verändern“. Denn charakteristisch für den Schizophrenen sei die Unfähigkeit zur Metakommunikation; nur mit Hilfe von metakommunikativen Fähigkeiten könnte das ständige Produzieren von Verhaltensparadoxien verhindern.

[…] Am Ende unserer Spielbetrachtung sind wir erstaunlicherweise beim „Wahn-Sinn“ angelangt. Machen wir einmal folgendes Experiment: Ich verbinde jemandem, den ich gut kenne, die Augen, verstopfe seine Ohren, setze mich mit ihm ins Taxi und fahre zu einem Haus; Wir betreten einen Raum, der eine sog. Einweg-Sichtscheibe besitzt und den Blick frei gibt auf einen anderen Raum, in dem eine Gruppe von Menschen um einen Tisch sitzt.

Der Freund, der jetzt seine Sinnesorgane wieder gebrauchen kann, soll sagen, was die Gruppe tut und was das für eine Gruppe sein könnte. Die Gruppe gestikuliert mit Händen und Füßen, einige lachen plötzlich laut auf; was sie tun, ist dem Betrachter jedenfalls unverständlich.

Dem Freund bleiben eigentlich nur 2 Möglichkeiten zu antworten: Entweder er sagt, „die kommen mir verrückt vor, vielleicht sind wir hier in der Psychiatrie!“ Oder er sagt, „die verhalten sich so, als ob sie etwas spielen, was ich aber nicht verstehe, vielleicht sind wir hier im Jugendzentrum!“

(Aus: Hein Retter, Einführung in die Pädagogik des Spiels. Basistext zur Lehrveranstaltung, Braunschweig, Erstdruck 1998/Neuauflage 2003, S. 75–82, erschienen in: Spielmittel, 9. Jg. 1990, Heft 4, S. 97–103. (leicht verändert) © Hein Retter, Institut für Allgemeine Pädagogik und Technische Bildung, Abteilung Historisch-Systematische Pädagogik, TU BS; in: https://www.tu-braunschweig.de/Medien-DB/hispaed/spiel98-03.pdf - 1.12.2014)

1 Erläutern Sie, inwiefern die Überlegungen von Hein Retter die Theorie des Spiels von George Herbert Mead konkretisieren.
2 Belegen Sie am Textauszug, inwieweit Hein Retter der Kritik Meads an der herkömmlichen Rollentheorie folgt.
3 Vergleichen Sie die spieltheoretischen Überlegungen Meads mit denen Schäfers (siehe im „Kursbuch Erziehungswissenschaft" S. 342 ff.) und erörtern Sie den jeweiligen pädagogischen Wert.

Spielecke
(Foto: Georg Bubolz, Erkelenz)

2. Interdependenz von Streben nach Autonomie und sozialer Verantwortlichkeit im Modell der produktiven Realitätsverarbeitung

(Foto: Georg Bubolz, Erkelenz)

„Man muss sich die Freiheit nehmen. Sie wird einem nicht gegeben."

Meret Oppenheim

2.1 Hinführung: Jorge Bucay, Der angekettete Elefant – Eine pädagogische Parabel

Jorge Bucay, 1949 in Buenos Aires geboren, ist Autor, Psychiater und Gestalttherapeut. Vor allem seine Geschichten zu einem humanen Zusammenleben haben ihn bekannt gemacht. – Im folgenden Text geht es um ein therapeutisches Gespräch mit seinem Klienten Demian.

„Ich kann nicht", sagte ich. „Ich kann es einfach nicht."
„Bist du sicher?", fragte er mich.
„Ja, nichts täte ich lieber, als mich vor sie hinzustellen und ihr zu sagen, was ich fühle … Aber ich weiß, dass ich es nicht kann."
Der Dicke setzte sich im Schneidersitz in einen dieser fürchterlichen blauen Polstersessel in seinem Sprechzimmer. Er lächelte, sah mir in die Augen, senkte die Stimme wie immer, wenn er wollte, dass man ihm aufmerksam zuhörte, und sagte:
„Komm, ich erzähl dir eine Geschichte."
Und ohne ein Zeichen meiner Zustimmung abzuwarten, begann er zu erzählen.
Als ich ein kleiner Junge war, war ich vollkommen vom Zirkus fasziniert, und am meisten gefielen mir die Tiere. Vor allem der Elefant hatte es mir angetan. Wie ich später erfuhr, ist er das Lieblingstier vieler Kinder. Während der Zirkusvorstellung stellte das riesige Tier sein ungeheures Gewicht, seine eindrucksvolle Größe und seine Kraft zur Schau. Nach der Vorstellung aber und auch in der Zeit bis kurz vor seinem Auftritt blieb der Elefant immer am Fuß an einen kleinen Pflock angekettet.
Der Pflock war allerdings nichts weiter als ein winziges Stück Holz, das kaum ein paar Zentimeter tief in der Erde steckte. Und obwohl die Kette mächtig und schwer war, stand für mich ganz außer Zweifel, dass ein Tier, das die Kraft hatte, einen Baum mitsamt der Wurzel auszureißen, sich mit Leichtigkeit von einem solchen Pflock befreien und fliehen konnte.
Dieses Rätsel beschäftigt mich bis heute. Was hält ihn zurück?
Warum macht er sich nicht auf und davon?
Als Sechs- oder Siebenjähriger vertraute ich noch auf die Weisheit der Erwachsenen. Also fragte ich einen Lehrer, einen Vater oder Onkel nach dem Rätsel des Elefanten. Einer von ihnen erklärte mir, der Elefant mache sich nicht aus dem Staub, weil er dressiert sei.
Meine nächste Frage lag auf der Hand: „Und wenn er dressiert ist, warum muss er dann noch angekettet werden?"
Ich erinnere mich nicht, je eine schlüssige Antwort darauf bekommen zu haben. Mit der Zeit erinnerte ich mich nur dann wieder daran, wenn ich auf andere Menschen traf, die sich dieselbe Frage irgendwann auch schon einmal gestellt hatten.
Vor einigen Jahren fand ich heraus, dass zu meinem Glück doch schon jemand weise genug gewesen war, die Antwort auf die Frage zu finden:
Der Zirkuselefant flieht nicht, weil er schon seit frühester Kindheit an einen solchen Pflock gekettet ist.
Ich schloss die Augen und stellte mir den wehrlosen neugeborenen Elefanten am Pflock vor. Ich war mir sicher, dass er in diesem Moment schubst, zieht und schwitzt und sich zu befreien versucht. Und trotz aller Anstrengung gelingt es ihm nicht, weil dieser Pflock zu fest in der Erde steckt.
Ich stellte mir vor, dass er erschöpft einschläft und es am nächsten Tag gleich wieder probiert, und am nächsten Tag wieder, und am nächsten … Bis eines Tages, eines für seine Zukunft verhängnisvollen Tages, das Tier seine Ohnmacht akzeptiert und sich in sein Schicksal fügt.
Dieser riesige, mächtige Elefant, den wir aus dem Zirkus kennen, flieht nicht, weil der Ärmste glaubt, dass er es nicht kann.
Allzu tief hat sich die Erinnerung daran, wie ohnmächtig er sich kurz nach seiner Geburt gefühlt hat, in sein Gedächtnis eingebrannt.
Und das Schlimme dabei ist, dass er diese Erinnerung nie wieder ernsthaft hinterfragt hat. Nie wieder hat er versucht, seine Kraft auf die Probe zu stellen.

„So ist es, Demian. Uns allen geht es ein bisschen so wie diesem Zirkuselefanten: Wir bewegen uns in der Welt, als wären wir an Hunderte von Pflöcken gekettet.
Wir glauben, einen ganzen Haufen Dinge nicht zu können, bloß weil wir sie ein einziges Mal, vor sehr langer Zeit, damals, als wir noch klein waren, ausprobiert haben und gescheitert sind. Wir haben uns genauso verhalten wie der Elefant, und auch in unser Gedächtnis hat sich die Botschaft eingebrannt: Ich kann das nicht, und ich werde es niemals können.
Mit dieser Botschaft, der Botschaft, dass wir machtlos sind, sind wir groß geworden, und seitdem haben wir niemals mehr versucht, uns von unserem Pflock loszureißen.
Manchmal, wenn wir die Fußfesseln wieder spüren und mit den Ketten klirren, gerät uns der Pflock in den Blick, und wir denken: Ich kann nicht, und werde es niemals können."
Jorge machte eine lange Pause. Dann rückte er ein Stück heran, setzte sich mir gegenüber auf den Boden und sprach weiter:
„Genau dasselbe hast auch du erlebt, Demian. Dein Leben ist von der Erinnerung an einen Demian geprägt, den es gar nicht mehr gibt und der nicht konnte.
Der einzige Weg herauszufinden, ob du etwas kannst oder nicht, ist, es auszuprobieren, und zwar mit vollem Einsatz. Aus ganzem Herzen!"

(Aus: Jorge Bucay, Der angekettete Elefant, in: Ders., Komm, ich erzähl dir eine Geschichte, aus dem Spanischen von Stephanie von Harrach, Fischer TaschenBibliothek, Frankfurt/M. 2008, S. 7–11.; © Deutsche Ausgabe: Ammann Verlag & Co., Zürich 2005)

1 Interpretieren Sie die Geschichte.
2 Erörtern Sie die „Lehre" der Geschichte in Hinblick auf menschliches Streben nach Autonomie.
3 Beziehen Sie Stellung unter Berücksichtigung der pädagogischen Perspektive.

2.2 Das Modell der produktiven Realitätsverarbeitung nach Klaus Hurrelmann

Klaus Hurrelmann, Jahrgang 1944, war bis zu seiner Emeritierung Professor für Sozial- und Gesundheitswissenschaft an der Universität Bielefeld. Das Modell der produktiven Realitätsverarbeitung bildet den Kern seiner Sozialisationstheorie. In einer seiner Thesen erläutert Hurrelmann die Entwicklung der Ich-Identität als Voraussetzung für autonome Handlungsfähigkeit und psychische Gesundheit.

Das Modell repräsentiert die über den Einzeltheorien der Sozialisation angesiedelte metatheoretische Vorstellung, dass ein Mensch sich stets aktiv mit seinen körperlichen und psychischen Umweltbedingungen auseinandersetzt und dabei seine Persönlichkeitsentwicklung während des gesamten Lebenslaufs vorantreibt. [...] Die Kernaussagen ... treffen Feststellungen zum Verhältnis von innerer und äußerer Realität, zur Produktion der eigenen Persönlichkeit, zur Bewältigung der Entwicklungsaufgaben, zum Spannungsverhältnis von Individuation und Integration, zur Bildung von Ich-Identität, zum Verhältnis personaler und sozialer Ressourcen, zur Rolle der Sozialisationsinstanzen, zur Persönlichkeitsentwicklung, Lebenslauf, zum Sozialisationseffekt gesellschaftlicher Ungleichheit und zu männlichen und weiblichen Dispositionen für die Persönlichkeitsentwicklung. [...]
Störungen der Identitätsbildung haben ihren Ausgangspunkt in einer mangelnden Übereinstimmung der personalen und sozialen Komponenten der Identität, also den auf Individuation zielenden Bedürfnissen, Motiven und Interessen auf der einen und den auf Integration gerichteten gesellschaftlichen Erwartungen auf der anderen Seite. Stimmen diese nicht überein, kann es zu Störungen des Selbstvertrauens und in der Folge zu sozial unangepasstem und gesundheitsschädigendem Verhalten kommen. Je entscheidungsfähiger und handlungssicherer ein Mensch ist, je mehr Fertigkeiten zur Bewältigung psychischer und sozialer Beziehungsstrukturen und Netzwerke einbezogen und in wichtigen gesellschaftlichen Rollenzusammenhängen anerkannt ist, desto besser sind die Voraussetzungen für die Ich-Identität und

Begriffe an einer Hauswand
(Foto: Georg Bubolz, Erkelenz)

damit für die selbstständige und autonome Handlungsfähigkeit.

(Aus: Klaus Hurrelmann, Sozialisation. Das Modell der produktiven Realitätsverarbeitung, Beltz Verlag, Weinheim und Basel 2012, S. 75–76, 62–63)

1 Erläutern Sie die Grundlagen des Modells der produktiven Realitätsverarbeitung nach Hurrelmann – auch unter Rückgriff auf S. 380 ff. im „Kursbuch Erziehungswissenschaft".
2 Erörtern Sie die Bedingungen für selbstständige und autonome Handlungsfähigkeit. Arbeiten Sie dabei auch heraus, inwiefern die Entwicklung von Verantwortlichkeit mit der Genese dieser Handlungsfähigkeit verbunden ist.

2.3 Die Interdependenz von Streben nach Autonomie und sozialer Verantwortlichkeit

Klaus Hurrelmanns Modell wird in den folgenden Textauszügen am Beispiel des Jugendalters exemplarisch betrachtet, einer Zeit, in der sich in der Regel Jugendliche von den Eltern ablösen, zu Autonomie streben und zunehmend eigene Verantwortlichkeit zeigen müssen.

2.3.1 Die Ablösung von den Eltern

Die Eltern-Kind-Beziehung durchläuft im Jugendalter eine grundlegende Transformation von der emotional nahen und schützenden Haltung der Eltern mit deutlichen Erziehungsakzenten in der Kindheit zur sympathisierend begleitenden und Selbstständigkeit fördernden Haltung. Ablösung, verbunden mit Distanzierung und Eigenständigkeit, ist Voraussetzung für die Weiterentwicklung der Persönlichkeit in der Adoleszenzphase (Larson, Wilson, Brown, Furstenberg und Verma 2002).

Die Ablösung erfolgt auf verschiedenen Ebenen:

- Der psychischen Ebene, indem die Einstellungen und Handlungen nicht mehr vorrangig an den Eltern, sondern an Angehörigen der eigenen Generation ausgerichtet werden.
- Der emotionalen und intimen (erotischen, sexuellen) Ebene, indem nicht mehr Mutter und Vater Liebesobjekte sind, sondern selbst gewählte Partnerinnen und Partner.
- Der kulturellen Ebene, indem ein persönlicher Lebensstil entwickelt wird, der sich von dem der Eltern unterscheidet.
- Der räumlichen Ebene, indem der Wohnstandort aus dem Elternhaus verlagert wird.
- Der materiellen Ebene, indem die wirtschaftliche Selbstständigkeit erreicht und damit die finanzielle Abhängigkeit vom Elternhaus beendet wird.

Die Bewältigung des vielschichtigen Ablösungsprozesses verlangt von beiden Parteien einfühlsames Verhalten und gute Kommunikationsfähigkeiten, wenn es nicht zu Spannungen und Konflikten kommen soll. Da die Eltern mit der räumlichen und finanziellen Versorgung einen mächtigen Hebel in der Hand haben, bleibt ihr Einfluss auf die Lebensgestaltung der jugendlichen Kinder sehr groß, auch wenn diese sich innerlich schon abgelöst haben. Bei vielen Jugendlichen ist eine unbefangene Mischung aus psychischer Loslösung und pragmatischer sozialer Bindung typisch, und auch die meisten Eltern haben sich mit der Kombination aus Zuwendung und Ablösung gut arrangiert (Fend 2005, S. 300; Flammer und Alsaker 2002, S. 179).

Abfolge der Ablösungsschritte

Auf den verschiedenen Ebenen findet der Ablösungsprozess zu unterschiedlichen Zeitpunkten statt (Papastefanou 2006). Dabei treten die einzelnen Ablösungsereignisse in der Regel in einer bestimmten Abfolge auf. Die psychische Ablösung erfolgt heute meist als erste, teilweise schon um das 11. und 12. Lebensjahr herum. Sie hat sich wegen der früher einsetzenden Pubertät im Lebenslauf weiter vorverlagert. Auch auf der emotionalen und kulturellen Ebene werden Jugendliche heute früh selbstständig. Die materielle Ablösung hingegen hat sich eher zurückverlagert und kann heute – bei Jugendlichen, die eine Hochschulausbildung durchlaufen – bis an das Ende des dritten Lebensjahrzehnts rücken.

Die räumliche Ablösung vom Elternhaus erfolgt in langsamen Schritten. Ein großer Teil der Jugendlichen möchte so lange wie möglich den Komfort der elterlichen Wohnung („Hotel Mama") genießen und hat es mit dem Auszug nicht eilig. Die Eltern akzeptieren das meist gerne. Diese Situation spiegelt die relativ spannungsfreie Beziehung der Generationen wider. Andere würden zwar ganz gern ausziehen, verfügen aber nicht über die finanziellen Mittel (Leven, Quenzel und Hurrelmann 2010, S. 68). [...]

Weibliche Jugendliche artikulieren ihre Auszugswünsche früher als die männlichen und setzen sie auch entsprechend um. [...] Die jungen Männer halten es auch anschließend deutlich länger im Elternhaus aus als die jungen Frauen und entwickeln sich häufiger zu „sozialen Nesthockern".

Zwischen Verbundenheit und Distanzierung

Für die meisten Jugendlichen sind die Herkunftsfamilien unentbehrliche soziale und emotionale „Trainingslager", um die schwierigen sozialen Kompetenzen einzuüben, die sie für die Lebensbewältigung und die Beziehungsarbeit benötigen. Familien „bieten also nicht nur emotionalen Schutz, sondern wichtige Lernmöglichkeiten. Gleichzeitig schaffen sie einen Raum, in dem die Individuation des Menschen voranschreitet, in dem die Balance von Unabhängigkeit und Verbundenheit eingeübt werden kann" (Fend 2005, S. 303). Das Hin- und Herschwanken zwischen enger Verbundenheit mit emotionalem Anlehnungsbedürfnis und Abgrenzung mit selbstgesteuerter Eigenständigkeit und demonstrativer Distanzierung ist dabei für beide Seiten – sowohl für die Eltern als auch für die Jugendlichen – charakteristisch (Amett 2010, S. 176; Silbereisen und Kracke 1999).

Die flexible Synchronisierung von unterschiedlichen Erwartungen, Einstellungen und Lebensauffassungen, die ständige Neueinstellung der Balance zwischen emotionaler Nähe und sozialer Eigenständigkeit gibt den Jugendlichen das psychische Rüstzeug, um auch außerhalb der Familie kompetent zu handeln. An die Kombinations- und Verhandlungsfähigkeit beider Seiten, von Eltern und jugendlichen Kindern, werden dabei hohe Ansprüche gestellt.

Durch die Ablösungsbemühungen der Jugendlichen können sich Eltern psychisch verletzt fühlen. Sie müssen ein geschicktes Konfliktmanagement betreiben, um die grundlegende emotionale Beziehung zu ihrem Kind aufrechtzuerhalten und zugleich die Ablösungsimpulse in Verselbstständigungsanforderungen umzulenken. Eine an Überzeugung und Argumenten orientierte Erziehung auf der Basis einer guten Beziehung ist dabei notwendig, verbunden mit großer Sensibilität und Aufmerksamkeit für die seelischen Vorgänge bei den Kindern und die sozialen Dynamiken des engen Freundeskreises und der Gleichaltrigengruppe. Die Gleichaltrigen treten gewissermaßen in emotionale Konkurrenz zu Mutter und Vater, und die Kontakte zu ihnen werden von den Jugendlichen auch oft demonstrativ gegen die Eltern ausgespielt. Damit signalisieren sie, dass sie ihre soziale und emotionale Bezugsgruppe wechseln wollen. Gelingt es Eltern, die Balance zwischen unterstützender Kontrolle auf der einen und Stimulation von Selbstständigkeitsbestrebungen auf der anderen Seite zu halten, dann profitieren sie auch selbst von der Ablösungsphase und der neuen Form der Beziehung zu ihren jugendlich gewordenen Kindern. Die jungen Männer und Frauen bringen viele Impulse und Anregungen in die Familie, die es den Eltern ermöglichen, die Welt „ein zweites Mal" aus der Sicht der Jugendlichen wahrzunehmen, aber nun mit dem Vorteil der eigenen Lebenserfahrung (Fend 2005, S. 303). Auch für Väter und Mütter ist deshalb eine gut verlaufende Ablösungsphase der jugendlichen Kinder eine wichtige Erfahrung, die die eigenen sozialen Kompetenzen stärkt, die zur Lebensbewältigung am Ende der mittleren Erwachsenenphase notwendig sind.

(Aus: Klaus Hurrelmann/Gudrun Quenzel, Lebensphase Jugend. Eine Einführung in die sozialwissenschaftliche Jugendforschung, 12. Auflage, Beltz Juventa Weinheim und Basel 2013, S. 145–157)

1 Arbeiten Sie den Gedankengang des Textes heraus.
2 Belegen Sie anhand des Textes, inwiefern es hier um das Modell der produktiven Realitätsverarbeitung geht.
3 „Streben nach Autonomie" oder „Ablösung von den Eltern" – welche Formulierung trifft besser für die Beschreibung der geschilderten Phänomene zu? Beziehen Sie Stellung.

2.3.2 Zwischen Freisetzung und Selbstverantwortung

Die soziale Ablösung der Jugendlichen von ihren Eltern ist ein fester Bestandteil der Statuspassage in das Erwachsenenleben und damit in die angestrebte „Vollmitgliedschaft" in der Gesellschaft. Dass dieser Prozess so relativ reibungslos verläuft, ist ein Zeichen für die Bereitschaft und die Fähigkeit der Eltern und der Jugendlichen, eine Balance zwischen der Freisetzung aus gewachsenen und behüteten Beziehungen und dem Aufbau neuer Kontakte und Lebensbereiche in Selbstverantwortung herzustellen.

Im Vergleich noch zu den 1950er Jahren, also vor zwei zurückliegenden Generationen, werden heute die Rechte der jugendlichen Kinder auf Eigenständigkeit von den Eltern zunehmend anerkannt. Die Bereitschaft, ihre spezifische soziale Lebenswelt nachvollziehend zu verstehen, ist gewachsen (Ferchhoff 2010; Junge 2004).

An die Stelle der früheren strengen Erziehungsvorstellungen mit der Erwartung von Unterordnung und Gehorsam ist eine Vorliebe für solche Erziehungswerte getreten, die die Selbstverantwortung, die Rücksichtnahme und die Stärkung der Entscheidungsfähigkeit der Kinder in den Vordergrund stellen (Fend 2005, S. 149). Hierin sind allerdings auch die neuen Konfliktlinien zu erkennen, die für den Prozess der Ablösung charakteristisch sind. Eltern erwarten von ihren jugendlichen Kindern eine stark ausgeprägte Selbstständigkeit, hohe Selbstorganisationskompetenzen und vor allem auch ein reibungsloses „Funktionieren" im Leistungsbereich, wollen aber selbst nicht durch Verbote in das Verhalten der Jugendlichen steuernd eingreifen. Sie stecken in dem Dilemma, einerseits „gleichberechtigte" Partner ihrer jugendlichen Kinder sein zu wollen, andererseits aber auch eine herausgehobene Autorität als Elternteil zu haben und diese bei der Einhaltung von Familienregeln auch umsetzen zu können (Fend 2005, S. 296).

Das Risiko dieser Entwicklung ist nicht zu übersehen. Jugendliche können überfordert werden, wenn sie zu früh Verantwortung für ihre Schul- und Berufskarriere oder ihre sozialen Beziehungen übernehmen müssen, ohne den nötigen sozialen und psychischen Halt und die entsprechende Unterstützung durch Erwachsene zu erfahren.

(Foto: Georg Bubolz, Erkelenz)

Belastung durch frühe biografische Selbstverantwortung

Am Beispiel der schulischen Leistungsanforderungen lässt sich dieses Risiko illustrieren. In Reaktion auf die unübersichtliche Arbeitsmarktsituation der letzten beiden Jahrzehnte hat sich der Erwartungsdruck der Eltern auf Jugendliche verstärkt, eine anspruchsvolle Schullaufbahn erfolgreich zu durchlaufen. Rückschläge in der Schullaufbahn werden als schwerwiegende und weitreichende Gefährdung der sozialen und beruflichen Statuserwartungen wahrgenommen, die das Elternhaus in wohlmeinender Absicht an den eigenen Nachwuchs stellt.

Oft projizieren Eltern Vorstellungen und Lebensplanungen auf ihre Kinder, die ihre eigenen Bedürfnisse als Erwachsene sind. Eltern spüren, dass ihre Kinder in ihrer Schullaufbahn mehr erreichen müssen als sie selbst, wenn sie den sozialen Familienstatus halten wollen. Viele Jugendliche sind heute also bildungsmäßige „soziale Aufsteiger“, mit den typischen Unsicherheiten, Anspannungen und Irritationen, die eine ungewohnte, neue Position mit sich bringt.

In dieser Situation spiegelt sich ein Effekt der Individualisierung von Lebensläufen wider: Jugendliche zahlen den „Preis“ für die weitgehend freie Wählbarkeit von Bildungslaufbahnen, die ihnen heute angeboten wird, in Gestalt von biografischer Risikobelastung. Es stehen ihnen vielfältige Bildungsmöglichkeiten offen, aber das Erschließen der Möglichkeiten ist ihre urpersönliche Angelegenheit. Versagen sie hierbei und entstehen Probleme für die Gestaltung des persönlichen Werdegangs, müssen die Konsequenzen von ihnen persönlich verantwortet werden. Die Eltern wissen, dass sie für den Schulerfolg ihrer Kinder gesellschaftlich mitverantwortlich gemacht werden, spüren aber zugleich, wie gering ihre unmittelbaren Einflussmöglichkeiten auf das Leistungsverhalten ihrer Kinder sind. Aufgrund dieser Konstellation kann es vor allem bei lang anhaltendem Schulversagen zu erheblichen Konfliktpotenzialen in Familien kommen.

Das gilt freilich nicht nur für die berufliche Statuspassage, sondern in ähnlicher Weise für die Dimensionen der Wertorientierung, des Freizeitverhaltens, der Freundschafts- und Partnerschaftsgestaltung und der politischen Beteiligung der Jugendlichen. In allen Fällen ist die Spannung zwischen der Freisetzung und der Selbstverantwortung gegeben: Die Eltern wünschen die Abnabelung ihrer jugendlich gewordenen Kinder, aber sie begleiten diese zugleich in banger Sorge, dass sich daraus Verhaltensweisen und Lebensentscheidungen ergeben könnten, die nicht mit ihren eigenen Vorstellungen übereinstimmen. Trotz ihrer Bereitschaft „loszulassen" sind sie deshalb ständig geneigt, doch noch fürsorglich-unterstützend in den von ihnen selbst mit angestoßenen Prozess der Entwicklung der Selbstverantwortung ihrer Kinder einzugreifen. […]

Die Ablösung von der Herkunftsfamilie ist kein Selbstzweck. Sie leitet die Verselbstständigung der gesamten Persönlichkeitsentwicklung eines Jugendlichen ein und ist der erste Schritt dazu, eine eigene Partnerschaft einzugehen. Diese nimmt nach einiger Zeit eine intime erotische und sexuelle Komponente auf. Junge Frauen und junge Männer sind heute sehr früh geschlechtsreif, also potenziell in der Lage, ein eigenes Kind zu zeugen oder zu gebären. Mit dieser durchaus schwierigen Facette ihrer Entwicklung müssen Jugendliche beiderlei Geschlechts umzugehen lernen.

(Aus: Klaus Hurrelmann/Gudrun Quenzel, Lebensphase Jugend. Eine Einführung in die sozialwissenschaftliche Jugendforschung, 12. Auflage, Beltz Juventa, Weinheim und Basel 2013, S. 157–158)

1 Arbeiten Sie den Gedankengang des Textes heraus.

2 Arbeiten Sie anhand des Textes heraus, inwiefern das Modell der produktiven Realitätsverarbeitung bei der Erklärung der beschriebenen Phänomene hilfreich ist.

3 „Streben nach Autonomie und sozialer Verantwortlichkeit" oder „Zwischen Freisetzung und Selbstverantwortung" – welche Formulierung trifft besser zu? Beziehen Sie Stellung.

4 Nehmen Sie Stellung, ob die Chancen des Aufbaus einer personalen Identität mit denen des Aufbaus einer sozialen Identität in der Regel heute ausbalanciert sind. Werden „Autonomie" und „soziale Verantwortung" gleich gewichtet? Berücksichtigen Sie zur Beantwortung der Frage auch den folgenden Textauszug von Klaus Hurrelmann:

Im Jugendalter spitzt sich die Anforderung zu, die persönliche Individuation und die soziale Integration miteinander auszutarieren und hierauf die personale und soziale Identität aufzubauen. Unter den heutigen Lebensbedingungen sind die Chancen für den Aufbau einer personalen Identität sehr groß, weil traditionelle Vorgaben für das Rollenverhalten und entsprechende Wertorientierungen entfallen und vielfältige Möglichkeiten gegeben sind, eine eigene Lösung für die Aufgaben und Probleme des Alltags zu finden. Demgegenüber ist es schwierig, eine soziale Identität zu finden, denn die Möglichkeiten für eine Übernahme von sozialer Verantwortung sind relativ begrenzt, zudem verzögert sich im Lebenslauf der für die soziale Identität wichtige Übergang in den anerkannten wirtschaftlichen Status des Erwerbsbürgers immer mehr. Entsprechend anspruchsvoll ist für Jugendliche heutzutage die Aufgabe, eine Ich-Identität mit den beiden Komponenten der personalen und sozialen Identität zu entwickeln.

(Aus: Klaus Hurrelmann, Sozialisation. Das Modell der produktiven Realitätsverarbeitung, Beltz Verlag, Weinheim und Basel 2012, S. 102–103)

3. Identitätsdiffusion in sozialen Netzwerken (Web 2.0; Web 3.0; ...)?

(Foto: Georg Bubolz, Erkelenz)

„Schnell wird deutlich, dass der virtuelle Freund zwei gänzlich verschiedene Modelle spiegelt – die ‚Ware Freund' einerseits und den ‚wahren Freund' auf der anderen Seite."

Thomas Wanhoff

3.1 Hinführung: Die „Ware Freund“ und „wahre Freunde“ im Social Web

Die Kommunikationswissenschaftlerin und Altphilologin Verena Herber, geboren 1989 in Rotenburg an der Wümme, hat sich in ihrer Bachelorarbeit mit der Thematik „Faszination Social Web: (Un)sichtbare Gefahr oder Gewinn für die soziale Interaktion zwischen Jugendlichen?“ auseinandergesetzt. In einer Passage ihrer interdisziplinär angelegten Forschungsarbeit geht sie auf den Freundschaftsbegriff in Facebook näher ein.

Inwiefern beeinflussen Soziale Netzwerke Freundschaftsbeziehungen unter Jugendlichen? Stellen sie einen Gewinn für die soziale Interaktion unter Jugendlichen dar, so dass die Bezeichnung „Soziale Netzwerke“ gerechtfertigt ist, oder führen sie im Gegenteil vielmehr ein „Ende sozialer Kontakte“ (Faerman 2010: 33) und ein gewandeltes Verständnis von Freundschaft herbei?
„Im Schnitt haben die Nutzer von Communities 206 „Freunde“, also andere Community-Mitglieder, mit denen sie verlinkt sind.“ (JIM-Studie 2011: 49) Bei weiblichen Usern findet sich durchschnittlich eine höhere Anzahl an „Freunden“ (217) als bei männlichen Usern (196) (vgl. ebd.). Aus diesen Zahlen lassen sich bereits Rückschlüsse auf die Qualität der Freundschaften und die Begrifflichkeit Freundschaft bei Facebook ziehen, da es sich bei so hohen Zahlen nicht um jeweils wahre Freundschaften im eigentlichen Sinn handeln kann.
Doch was genau ist unter „wahrer Freundschaft“ oder überhaupt unter „Freundschaft“ zu verstehen?
Der Freundschaftsbegriff ist so mehrdimensional und ambivalent, dass er jeglicher einheitlichen, universell gültigen Definition entbehrt. „Freundschaft war schon immer ein höchst umstrittener und dehnbarer Begriff. Wenn überhaupt, ist sie ein sehr exklusives Gefühl, das wenige Menschen mit wenigen teilen.“ (Adamek 2010: 159)
Schon Aristoteles beschrieb in seiner Nikomachischen Ethik die Philia (φιλία), die gegenseitige Freundesliebe, als Fundament des Staates sowie Basis für das Wohlwollen. Er differenziert zwischen Freundschaft aus Nutzen und Lust, die der Vergänglichkeit unterworfen ist, und der Tugendfreundschaft, die in die Ewigkeit reichen kann. Ähnliches hat Cicero in seinem Werk „Laelius de amicitia“, das von dem unverzichtbaren Wert und dem einzigartigen Wesen der Freundschaft handelt, über wahre Freundschaften geschrieben: „Verae amicitiae sempiternae sunt.“ (Cic. Lael. 32) (Übersetzung: „Wahre Freundschaften sind von ewiger Dauer.“) Ebenso wie Cicero die Beziehung unter Freunden als eine besondere Verbindung herausstellt: „Inter amicos omnium rerum communitas.“ (Cicero, Lael. 61) (Übersetzung: „Unter Freunden herrscht Gemeinschaft in allen Belangen.“), beschreibt auch Kant die Idee der Freundschaft als eine Idee der besonderen Wechselliebe, die man nur mit wenigen, nahestehenden Menschen teilen kann. Diese Ansicht teilend formuliert Otto von Bismarck prägnant: „Ein bisschen Freundschaft ist mir mehr wert als die Bewunderung der ganzen Welt.“ (Wanhoff 2011: 97) Insbesondere im Jugendalter ist Freundschaft, die im Gegensatz zu Familien- und Verwandtschaftsbeziehungen auf freiwilliger Basis beruht, von unschätzbarem Wert für gemeinsame Aktivitäten, gegenseitige Unterstützung und das Teilen von Geheimnissen: „Freundschaften können als biographische Konstante bezeichnet werden, deren Funktion ebenso unersetzlich ist wie jene der Familie. Beide – Familie und Freunde – geben soziale und emotionale Unterstützung, bieten Hilfe und sind gleichsam Quelle freudvoller Aktivitäten sowie von Konflikten, Ängsten oder Verletzungen.“ (Reinders 2006: 1)
Dieses Grundbedürfnis nach sozialem Austausch macht Facebook sich zunutze, indem es die Vernetzung unter Freunden und damit lokal und temporal unbegrenzte Interaktion und Kommunikation ermöglicht.
„Facebook's mission is to make the world more open and connected. People use Facebook to stay connected with friends and family, to discover what's going on in the world, and to

share and express what matters to them." (Facebook 2012)

Social Networking basiert auf dem *small world – Theorem*. Demnach stehen weltweit alle Menschen „über relativ wenige Vermittlungsgrade (Freundesfreunde) miteinander in Beziehung" (Jörissen/ Marotzki 2009: 199) Der auf Moreno zurückgehende Begriff des Netzwerks „begreift zwischenmenschliche Beziehungen als emotionale Verbindungen (Kanten) zwischen Individuen (Knoten)" (Ebersbach et al. 2008: 176). Neben den direkten Kontakten werden in Onlinenetzwerken oft sogar die Verknüpfungen öffentlich angezeigt.

Social Network Sites (SNS) machen das In-Kontakt-Treten mit räumlich und zeitlich distanzierten Personen möglich und können somit eine virtuelle Anwesenheit real abwesender Personen medial verwirklichen. Von der schnellen und kostengünstigen Möglichkeit der Kontaktaufnahme können v.a. Intensität und Frequenz der Interaktion geographisch getrennter Kommunikationspartner im Ausland profitieren.

Damals wie heute ist ein Leben ohne Freunde unvorstellbar. „Sine amicitia vitae est nulla." (Cic. Lael. 86) (Übersetzung: „Ohne Freundschaft gibt es kein Leben.") Ebenso wie Cicero ein Leben „sine amicitia" – ohne Freundschaft – bestritten hatte, ließe sich auch im Facebook-Zeitalter die Existenz des „Gesichtsbuches" nicht ohne die Gesichter von Freunden realisieren.

Doch handelt es sich wirklich bei jeder einzelnen „Facebook-Freundschaft" um eine einzigartige Freundschaftsbeziehung in dem Sinn, wie sie bspw. von Cicero oder Kant proklamiert wurde, oder unterliegt der Freundschaftsbegriff in Facebook einem Bedeutungswandel?

Aus den zuvor dargelegten Freundschaftsdefinitionen lässt sich entnehmen, dass Facebook-Freunde allein schon wegen ihrer großen Anzahl keine echten Freunde sein können, da es nur eine geringe Zahl wahrer Freunde geben kann.

Dem deutschen Freundschaftsbegriff wird durch die Bezeichnung „Freunde" für die vernetzen Mitglieder auf der Facebook-Plattform oder in den VZ-Netzwerken das ursprünglich ihm innewohnende Einzigartige und Besondere entzogen. Er mutiert zur alltäglich verwendeten Vokabel für flüchtige, neue Kontakte. Der ursprünglich von Facebook verwendete englische Ausdruck „friend" integriert von vorneherein ein weiter gefasstes Bedeutungsspektrum als die entsprechende deutsche Übersetzung. Als „friends" werden sowohl (flüchtige) Bekannte als auch enge Freunde nach dem Verständnis des deutschen Worts „Freund" bezeichnet. Indem die äquivoke Bezeichnung „friend" auf deutschsprachige Netzwerke übertragen, quasi eingedeutscht, wurde, ist dem deutschen Begriff „Freund" unbewusst sein hoher moralischer Wert und seine einzigartige Stellung entzogen und dafür die mehrdeutige Komponente der englischen Vokabel verliehen worden. Vor dieser „Eindeutschung" wäre es den Jugendlichen wohl kaum möglich gewesen, über 100, wenn nicht gar über 500 Personen als Freunde anzugeben. Der virtuelle Freundeskreis kann als „neues Statussymbol" (Wanhoff 2011: XI) angesehen werden. „Schnell wird deutlich, dass der virtuelle Freund zwei gänzlich verschiedene Modelle spiegelt – die „Ware Freund" einerseits und den „wahren Freund" auf der anderen Seite." (ebd.: XII)

Der Prozess der Kennenlernphase, des Sich-Anfreundens geht in SNS vollkommen verloren. Der Beginn einer Freundschaft wird dort in Sekundenschnelle mit nur einem Mausklick getätigt, ebenso schnell kann eine Freundschaft wortlos und sogar ohne Kenntnisnahme des anderen beendet werden. In der Facebook-Sprache stehen hierfür die Buttons „+1 FreundIn hinzufügen" und noch rigoroser „als FreundIn entfernen" zur Verfügung. Wanhoff spricht von einer „fast schon aggressive[n] **Ver-Freundisierung**, die einhergeht mit sprachlicher Verwässerung" (ebd.: 102) und die Definition realer Beziehungen erschwert. Der entzauberte Freundschaftsbegriff scheint zur Belanglosigkeit und Bedeutungsleere zu verfallen.

Ergo kann die Eingangsfrage dahingehend beantwortet werden, dass der Freundschaftsbegriff bei *Facebook* definitiv einem Bedeutungswandel unterliegt, „von seiner ursprünglichen Bedeutung einer festen, emotionalen und fast

unerschütterlichen Verbindung zum flüchtigen, banalen Kontakt" (ebd.: 3).
Doch inwiefern hat sich infolge dieser Bedeutungsverschiebung generell das Bewusstsein der *Digital Natives* für wahre, reale Freundschaften geändert?

(Aus: Verena Herber, Faszination Social Web: (Un) sichtbare Gefahr oder Gewinn für die soziale Interaktion zwischen Jugendlichen? Fascination Social Web: (In)visible danger or a valuable addition to the social interaction between young people? Münster 2012 [ohne Anmerkungen] © Verena Herber)

1 Nennen Sie mögliche Antworten auf diese Frage, die als Hypothesen dienen können.
2 Befragen Sie – unter Verwendung der Hypothesen – Jugendliche Ihres Umfeldes.
3 Vergleichen Sie die Ergebnisse Ihrer Stichproben mit den Untersuchungsergebnissen, die im Folgenden von Verena Herber referiert werden.

Bisweilen kann der Eindruck entstehen, dass die eigentliche Bedeutung des Adjektivs *sozial* in der Bezeichnung von Facebook als *Soziales Netzwerk* pervertiert sei; v.a. angesichts der Tatsache, dass Facebook „eine Verabredung, einen Anruf oder sogar etwas so Unpersönliches wie das Schreiben einer E-Mail ‚erspart'" (Faerman 2010: 33 f.). Hinzu kommt, dass durch die Möglichkeit, über Facebook die Fotoalben der „Freunde" zu betrachten und mit ihnen Musik und Videos zu teilen, Bedarf und Anlass zum gemeinsamen Treffen minimiert worden sind.
Eine empirische Untersuchung ergab jedoch, „dass sich das Verständnis von Freundschaft für junge Menschen in der Gegenwart nicht gewandelt hat." (Schipper 2012: 108) Entgegen kritischer Befürchtungen einer zunehmenden Isolierung bzw. Vereinsamung lässt sich weder ein Rückgang persönlicher Treffen und FTF-Kommunikation (Face-to-Face-Kommunikation) mit engeren Kontakten noch ein radikaler Wechsel von herkömmlichen Interaktionsformen hin zu SNS konstatieren. Vielmehr werden diese ergänzend zur Beziehungspflege enger Bindungen und zur Aufrechterhaltung und Intensivierung schwächerer Kontakte (vgl. „strong ties" und „weak ties") eingesetzt, so dass es zu einer fortwährenden „Überlappung und Verschmelzung von online-basierten Interaktionen und Face-to-Face-Kontakten" (Kneidinger 2012: 89) kommt. „Online- und Offline-Kanäle der Beziehungskommunikation stehen also nicht isoliert nebeneinander, sondern *kreuzen sich vielfach.*" (Neuberger 2011: 56) Nur sehr selten fallen unter die Facebook-Freundschaften Jugendlicher unbekannte „Freunde". Nahezu alle (96%) führen an, mit ihren Profil-Freunden auch persönlich bekannt zu sein. (Vgl. JIM-Studie 2011: 49) Auch wenn es sich bei den meisten „Freunden" jugendlicher Profile nicht um wahre Freundschaften handeln wird, so ist dennoch anzunehmen, dass „weitgehend die Strukturen der realen Welt" (ebd.) widergespiegelt werden, der Facebook-Freundeskreis also vornehmlich den „näheren und weiteren Bekanntenkreis" (ebd.) der User abbildet. Für die Entstehung von Facebook-Freundschaften ist die Einwilligung beider Seiten nötig. Infolgedessen ist die Facebook-Freundschaft von einem wechselseitigen und gleichberechtigten Sender-Empfänger-Verhältnis und bidirektionaler Kommunikation geprägt, die sich durch ihre Reziprozität von einseitig emotionalen Star- bzw. Fanbeziehungen abgrenzt. Zur besseren Übersicht über die meist dreistellige Freundeszahl stehen Freundeslisten zur Verfügung, mit deren Hilfe sich die „Freunde" hinsichtlich Intensität und Inhalt der Bekanntschaft sortieren lassen. Zudem bietet Facebook Möglichkeit, seinen Beziehungsstatus nach Belieben zu definieren und auch für andere sichtbar zu machen.
Soziale Netzwerke vereinen eine Vielzahl verschiedenartiger Funktionen und scheinen sich zunehmend als „All-in-One-Medium" bzw. „Internet im Internet" (Wanhoff 2011: 1) zu etablieren.
„Ihre Multifunktionalität wird dadurch evident, dass sie über die ursprüngliche Funktion ‚Kommunikation' hinaus viele weitere Funktionen anbieten, die sie von anderen Web-2.0 -Anwendungen adaptieren" (Busemann/ Gscheidle 2011: 360)
Ebenso wie in einem Videoportal können die User Videos hochladen; wie in einer Fotocom-

munity Fotoalben füllen; durch Statusmeldungen und Kommentare ist das Potential zum Bloggen gegeben (vgl. ebd.: 365). „Die neuen Web-Funktionalitäten unterstützen und beschleunigen die soziale Interaktion erheblich." (Fischer 2008: 210)
„Die Vielfalt der Kommunikationstypen sowie die raumzeitliche Unabhängigkeit der Kommunikation ermöglichen außerdem die zentrale und effiziente Verwaltung einer Vielzahl von Beziehungen." (Neuberger 2011: 55)
Resümierend kann festgehalten werden, dass Facebook nach aktuellen empirischen Studien keineswegs zur Reduktion realer freundschaftlicher Bindungen führt, sondern im Gegenteil reale Kontakte erweitert und durchaus einen positiven Einfluss auf soziale Beziehungen und Interaktionsfähigkeiten Jugendlicher nehmen kann. Diese Entwicklung zwischenmenschlicher Kommunikation und Interaktion weist ähnliche Strukturen auf, wie sie im Rieplschen Gesetz der Medienentwicklung beschrieben sind. Das Rieplsche Gesetz geht davon aus, „dass neue Medien alte nicht verdrängen, sondern deren Funktionen und Nutzungsweisen nur entsprechend verändern" (Kneidinger 2012: 89).

(Aus: Verena Herber, Faszination Social Web: (Un) sichtbare Gefahr oder Gewinn für die soziale Interaktion zwischen Jugendlichen? Fascination Social Web: (In)visible danger or a valuable addition to the social interaction between young people? Münster 2012 [ohne Anmerkungen] © Verena Herber)

1 Erörtern Sie, ob bzw. inwiefern aufgrund der skizzierten Forschungslage zu Freundschaftsbeziehungen in sozialen Netzwerken mit Identitätsdiffusion bei Jugendlichen zu rechnen ist – wie es die Kapitelüberschrift nahelegt.
2 Beurteilen Sie, ob es angesichts der geschilderten Untersuchungen grundsätzlich gerechtfertigt ist, negative Einflüsse sozialer Netzwerke auszuschließen. Beziehen Sie sich auch auf methodische Überlegungen.

3.2 Konkurrierende Positionen zu möglicher Identitätsdiffusion in sozialen Netzwerken (Web 2.0; Web 3.0; ...)?

3.2.1 Chancen der Identitätsbildung

Die Relevanz des Handlungsspielraums jugendnaher sozialer Netzwerke für die Identitätsarbeit wird von Sarah Schropp in ihrer Bachelorarbeit von 2013 am Beispiel der sozialen Netzwerkplattform Facebook illustriert. Dafür wendet sie die Ergebnisse der Studie Angela Tillmanns (Identitätsspielraum Internet, Juventa Verlag, Weinheim/München 2008) an, indem sie die von ihr evaluierten Kategorien auf die Handlungsspielräume, Funktionen und technischen Möglichkeiten des Social Networks www.facebook.de überträgt.

Als erste für die Identitätsarbeit Jugendlicher relevante Kategorie nennt Tillmann die Selbstkonstruktion über das Profil des sozialen Netzwerks.

Facebook bietet in diesem Punkt eine immens große Auswahl an Funktionen und Eingabemasken. Schon bei der Registrierung wird kaum eine Facette der Persönlichkeit außer Acht gelassen. Profilfoto, Vorname, Nachname, Geschlecht, derzeitiger Wohnort, Heimatstadt, Geburtstag, Beziehungsstatus, Familie und Freunde, Philosophie, Ausbildung und Beruf, Sport und das freie Textfeld „Über mich" sind nur einige der Möglichkeiten zur Selbstdarstellung. Die Eingabemasken sind wie Formularfelder aufgebaut. Schon bei der Eingabe einer oder mehrerer Buchstaben schlägt das System eine Antwort oder Vernetzung vor. Facebook hilft den Jugendlichen gewissermaßen auf die Sprünge und fördert somit die Eingabefreudigkeit seiner Nutzer.

Die Möglichkeit zur Erstellung des eigenen Profils lockt ihre Nutzer damit, sich anderen selbstbestimmt präsentieren zu können. Sie dient der Erweiterung des eigenen sozialen Netzwerkes, der sozialen Zugehörigkeit und der Demonstration von Medienkompetenz. Die Nutzer präsentieren ausgewählte Selbstaspekte und, obwohl diese bewusst an andere Nutzer adressiert werden, fehlen beim Entwurf der eigenen virtuellen Identität prüfende und wertende Blicke, die in der realen Welt verunsichern können. Die dargestellten Profil-Informationen richten sich in erster Linie an reale Freunde, aber auch an Unbekannte gleichen oder ähnlichen Alters.
Beeinflusst wird die Gestaltung der Profilseiten durch Geschlecht, Bildungshintergrund und Alter der Nutzer. Das Ziel der Erstellung eines realitätsnahen Facebook-Profils ist gleichzeitig der Motor sozialer Netzwerke: die soziale Unterstützung. Die von Angela Tillmann als zweite identitätsrelevante genannte Kategorie der sozialen Unterstützung ist der Grund für das Massenphänomen Facebook. Sie nimmt nicht nur Einfluss darauf, ob soziale Netzwerke gelingen und sich weiterentwickeln, sondern ebenso auf die Identitätsarbeit Jugendlicher. Die Selbstinszenierung und die Gestaltung der eigenen Identität geht, sowohl in der digitalen als auch in der realen Welt, immer mit der Hoffnung auf Anerkennung und Zugehörigkeit einher. Positive Rückmeldungen auf die eigene Identität und die Partizipation durch ein relativ authentisches Profil fördern ein Gefühl sozialer Zugehörigkeit. Facebook verzichtet aus eben diesen Gründen bewusst auf einen Gefällt-mir-nicht-Button. Die Möglichkeiten des positiven Feedbacks, in Form des Gefällt-mir-Buttons, finden sich automatisch unter jedem Post und jedem Bild und verstärken die emotionale Bindung seiner Mitglieder an das Angebot. Während Tillmann auf fünf verschiedene Formen der sozialen Unterstützung hinweist, werde ich auf nur drei Kategorien verweisen, die sich meines Erachtens nach nur in dieser Form allgemeingültig auf jugendnahe soziale Netzwerke übertragen lassen.

1) Die informative Unterstützung
2) Die emotionale Unterstützung
3) Die Unterstützung durch Wertschätzung

Die *informative Unterstützung* erfahren Facebook-Mitglieder meist im Bezug auf materielle Hilfen oder Dienstleistungen. Hierzu führe ich beispielhaft einige reale Zitate aus Facebook an, die Namen der Mitglieder wurden von mir verfremdet:

[Zitat von Ka Rolin22, Juli 2012:]
„juhu meine lieben, nachdem ich call a bike diesen monat viel zu viel geld gebracht habe u. mein rad leider weg ist … bin ich auf der suche nach einem ganz netten kostenlosen oder günstigen rädchen, wenn also jemand seins nicht mehr braucht oder jemand kennt der seins loswerden möchte meldet euch bitte bei mir … würde ggf auch eins nehmen was noch ein bisschen fit gemacht werden muss … danke"

[Auszug aus einem Dialog zwischen LoLa und Tommy B, Juli 2012:]
LoLa: „wie kann man eine googlemail auf dem handy löschen ohne das handy auf werkseinstellungen zurück zu setzen?"

Tommy B: „Guck ma unter einstellungen/ konten & synchronisierung oder so ähnlich dann das googlemail konto auswählen und löschen."

Hierbei ist den Jugendlichen auf der einen Seite wichtig, sich Rat holen zu können, auf der anderen Seite aber ebenso, selber Hilfestellung leisten zu können. Unterstützung wird demnach aktiv gesucht und geleistet.

Emotionale Unterstützung wird meist in Form von Sorge, Empathie oder Sympathie ausgedrückt. Sie steigert das Selbstbewusstsein und das Gefühl von sozialer Zugehörigkeit und spielt daher bei der Identitätsarbeit eine wichtige Rolle.

[Zitat von Ninni99, Juli 2012:]
„Liebe Geburtstagsprinzessin, wenn es dich nicht geben würde, müsste man dich erfinden, doch so etwas einmalig Liebenswertes, so etwas einzigartig Außergewöhnliches, wie du es bist, hätte selbst der begabteste Erfinder nicht her-

vorgebracht, darum ist es gut, dass es dich bereits gibt.“

Die emotionale Unterstützung steigert das Selbstwertgefühl der Jugendlichen. Denn sowohl das Versenden als auch das Empfangen positiven Feedbacks verstärkt die emotionale Bindung zwischen den Mitgliedern. Die emotionale Unterstützung ist darüber hinaus ein wesentlicher Faktor für die Akzeptanz und die Bindung der Mitglieder an das Netzwerk selbst. Gleichwohl wichtig ist die Unterstützung durch Wertschätzung. Ehrliche, kritische und aufrichtige Äußerungen, so Tillmann, helfen oft mehr als ein Standardlob. Die folgenden Zitate sollen verdeutlichen, wie wichtig Jugendlichen die öffentliche Wertschätzung ihrer Online-Freunde ist. So können sich unter dem einen oder anderen Post schon einmal mehr als 100 Likes finden, die das Selbstwertgefühl des Facebook-Mitglieds steigern:

[Zitat von MichaelBPunkt, Juli 2012:] „Oberligaspieler MichaeIBPunkt – irgendwelche Einwände?“

[Zitat von Jens, Juli 2012:] „Endlich Industriekaufmann :D gleich schön nach Malle!!!!!!!!!!“

Für die Jugendlichen zählen hierbei in erster Linie, Rat und Anerkennung aus der Peergroup zu erfahren. Das Selbstwertgefühl und die soziale Zugehörigkeit werden gestärkt. In gleicher Weise dient die Unterstützung durch Wertschätzung der Orientierung und somit auch der Selbstverortung.

Die dritte Funktion mit Relevanz für die Identitätsarbeit in einem sozialen Netzwerk ist die *Orientierung.* Facebook stellt Jugendlichen durch die Masse an öffentlich preisgegebenen Informationen eine Fülle an Identitätsschablonen zur Verfügung. Mögen diese Orientierungspunkte in der realen Welt auch immer weniger werden, auf Facebook treffen Jugendliche auf eine schier unendliche Vielfalt von Identitätsangeboten. Durch den globalen Charakter des Netzwerks stehen den Jugendlichen unzählige Lebensstile für die Orientierung zur Verfügung. Jugendliche beobachten ihren virtuellen Freundeskreis sehr genau. Informationen, die im realen Leben aktiv erfragt werden müssen, stehen bei Facebook in jedem Profil zur Einsicht bereit. Welche Schulen die Freunde besuchen, welche Ausbildungen sie absolvieren, an welcher Universität sie studieren und wann sie ihren Beziehungsstatus ändern. Sämtliche Informationen dienen den Jugendlichen als Anhaltspunkte für die eigene Verortung in der realen Welt.

Neben den persönlichen Informationen der Freunde können Jugendliche bei Facebook ebenfalls einsehen, wie der jeweilige Freundeskreis des Freundes auf die unterschiedlichen Angaben reagiert. Jugendliche lernen und orientieren sich nicht nur anhand der eigenen gemachten Erfahrungen, sondern ebenfalls daran, welche Erfahrungen andere machen, die sie online veröffentlichen, und den Reaktionen, die sie darauf erhalten. Länder- und kulturübergreifende Zukunftsperspektiven eröffnen sich auf diesem Wege. Lebensstile, Werte und Normen anderer Nutzer sind über die Profile einsehbar und können für die eigene Orientierung herangezogen werden.

Jugendliche nutzen Facebook als Informations-, Interaktions- und Partizipationsmöglichkeit, um in der Auseinandersetzung mit Gleichaltrigen Erfahrungen, Einstellungen und Zukunftsfragen zu diskutieren und sich in Bezug auf entwicklungsrelevante Themen zu orientieren. So entstehen optionale Selbstentwürfe.

Der vierte identitätsbildende Aspekt jugendnaher sozialer Netzwerke ist die *soziale Zugehörigkeit.* Auch sie stellt einen für die Identitätsarbeit wichtigen Faktor dar.

Treibende Kräfte sind der Wunsch nach Mitbestimmung und der Übernahme von Verantwortung und Solidarität [...]. Angela Tillmann erklärt, dass in ihren Interviews sehr deutlich wird, dass Jugendliche auch im digitalen Raum des sozialen Netzwerks Zugehörigkeits- und Wir-Gefühle empfinden. Die Verbundenheit beruht auf einer formalen, einer nutznießenden und einer sozial-partizipatorischen Mitgliedschaft.

Die Mitgliedschaft in einem sozialen Netzwerk eröffnet den Jugendlichen neue Erfahrungsräume, die frei sind von pädagogischer Kontrolle. Sie ermöglicht das Austesten neuer Bindungen und die Erweiterung des realen sozialen Netzwerks um neue virtuelle Kontakte. Die Mitgliedschaft in einem Social Network ist daher relevant für die Identitätsarbeit von Jugendlichen, da sie durch neue Formen und Funktionen der Kommunikation plötzlich mit ungewohntem, aber durchaus gewünschtem Feedback konfrontiert werden, das in vielen Fällen Anlass bietet, die eigene Identität zu hinterfragen.
In der Gesamtheit lässt sich festhalten, dass jugendnahe soziale Netzwerke durch ihre Beschaffenheit, ihre Aktualität und ihre Funktionen durchaus eine Vielzahl identitätsrelevanter Aspekte bieten. Das Medium Social Network unterstützt Jugendliche in der Identitätsbildung, indem es ihnen Raum bietet, sich fernab pädagogischer Konsequenzen ausprobieren zu können.
Neben den verschiedenen Möglichkeiten zur Selbstdarstellung ist bereits die Zugehörigkeit oder Nicht-Zugehörigkeit zu einem virtuellen Social Network ein identitätskonstruierender Faktor.
Jugendliche benötigen die sozialen und kulturellen Rahmenbedingungen einer Gesellschaft und ihrer Ressourcen für die Herstellung von Identität. Soziale Netzwerke repräsentieren durch ihre Vielseitigkeit sowohl soziale als auch kulturelle Werte und Normen. Die Gemeinschaft, in der Jugendliche ihre persönlichen Informationen veröffentlichen, repräsentiert reale Bezugsgruppen und -systeme und hilft den Jugendlichen, sich zu orientieren und zu positionieren.
Die Integration in ein soziales Netzwerk bietet den Jugendlichen einen Ort für und einen Grund zur Selbstreflexion. Überdies fördern die Netzwerke das Gefühl sozialer Zugehörigkeit und Partizipation. Die dort erfahrbare soziale Unterstützung dient sowohl der Selbstkonstruktion als auch der Stärkung des Selbstwertgefühls.
Soziale Netzwerke bieten folglich eine Menge identitätsrelevanter Aspekte und helfen bei der jugendlichen Identitätskonstruktion.

(Aus: Sarah Schropp, Identitätsspielraum Internet. Die Relevanz des Handlungsspielraums jugendnaher sozialer Netzwerke für die Identitätsarbeit Jugendlicher am Beispiel von Facebook, Bachelor + Master Publishing, Imprint der Diplomica Verlag GmbH, Hamburg 2013, S. 41–47)

1 Nennen Sie die im Textauszug angeführten Chancen und beurteilen sie, inwiefern diese tatsächlich Identitätsentwicklung begünstigen.
2 Erörtern Sie, welche pädagogischen Konsequenzen sich aus der Beschreibung der Risiken von Social Networks ziehen lassen.

3.2.2 Risiken von Identitätsdiffusion

Sarah Schropp führt weiter aus:

Neben den Chancen, die Facebook Jugendlichen für die Identitätsarbeit eröffnet, birgt es durchaus auch Gefahren, die nicht außer Acht zu lassen sind. Nachfolgend gebe ich einen Einblick in potenzielle Gefahrensituationen, die jedoch zumeist durch die kompetente Nutzung der Sicherheitseinstellungen vermieden werden können. […]
Bei der Betrachtung der Möglichkeiten zur Identitätskonstruktion Jugendlicher in sozialen Netzwerken wird deutlich, dass diese neben den Chancen, die sie bieten, auch Gefahren bergen. Da das wirtschaftliche Gelingen virtueller sozialer Netzwerke auch auf der Preisgabe ausführlicher persönlicher Informationen beruht, stellen die Social Networks bereits durch ihrer Struktur einen Gefahrenfaktor dar. Während die Nutzer ihre personen-bezogenen Daten zur Selbstdarstellung und Selbstverortung innerhalb einer Gruppe nutzen, hat Facebook ein eigenes Interesse an den Daten seiner Nutzer.
Bereits die kostenlose Registrierung auf der Plattform wirft die Frage auf, wie das Börsenunternehmen Facebook sich letztlich finanziert. Der kommerzielle Handel mit den persönlichen

Daten seiner Mitglieder ist der wirtschaftliche Motor dieses Unternehmens. Je genauer die Nutzer des Netzwerks über sich Auskunft erteilen, desto exakter können kommerziell Werbetreibende ihre Produkte dort platzieren, wo sie von der wirtschaftlich wichtigen Zielgruppe wahrgenommen werden. Vor diesem Hintergrund ist es extrem wichtig, dass Jugendliche eine Medienkompetenz erlangen, die es ihnen ermöglicht, die Strukturen und Vorgehensweisen der Internetplattform zu verstehen und durch aktiven Selbstschutz anhand der Privatsphäre-Einstellungen den Einfluss der Werbetreibenden möglichst gering zu halten.

Die von Facebook voreingestellten Privatsphäre-Einstellungen schützen die Mitglieder des Netzwerkes kaum. Jugendliche müssen in der Lage sein, sich bereits bei Inbetriebnahme der Plattform aktiv vor Missbrauch ihrer personenbezogenen Daten schützen zu können. Über eine Formularoberfläche, die die Jugendlichen bereits von der Anmeldung in Facebook kennen, besteht die Möglichkeit, die Privatsphäre der eigenen Daten benutzerdefiniert zu kontrollieren. Auch die Nutzung der Daten, zum Beispiel der Fotos, für kommerzielle Zwecke, kann hier deaktiviert werden. Ebenfalls sollten Jugendliche zu jeder Zeit die Kontrolle über die sowohl von ihnen veröffentlichten Daten als auch über die Daten haben, die andere Nutzer veröffentlichen und auf denen sie markiert sind. So erkennt beispielsweise die automatische Gesichtserkennung von Facebook nicht nur die Gesichter auf den online eingestellten Bildern, sondern kann ihnen auch die Namen der Nutzer zuordnen, die auf den Bildern zu sehen sind. Jugendliche können somit auf Fotos verlinkt sein, die sie nicht selber veröffentlicht haben. Auf diesem Weg kann es schnell zu einem Kontrollverlust über die eigenen Daten kommen. Ebenfalls ist darauf zu achten, dass Nutzer keine fremden Bilder auf ihrem Profil einstellen. Beides kann über die Privatsphäre-Einstellungen mit einem Klick vermieden werden. Sobald der Jugendliche veranlasst, dass er jedes Foto und jeden Post, in dem sein Name erscheint, zuerst sichten und freigeben muss, hat er die Kontrolle über seine persönlichen Daten.

Grundsätzlich haben aber nicht alle Mitglieder sozialer Netzwerke die gleichen Voraussetzungen und Möglichkeiten der Nutzung. Die individuelle Lebenssituation, der finanzielle Hintergrund, der Bildungsstand und die Medienkompetenz spielen hierbei eine wichtige Rolle. Jugendlichen, die vor der Nutzung virtueller sozialer Netzwerke aus verschiedenen Gründen keine Medienkompetenz erworben haben, fehlen die Analyse-, Urteils- und Handlungskompetenzen im Umgang mit dem Medium Social Network.

Jedes virtuelle Netzwerk birgt aber auch Gefahren, die nicht über die Privatsphäre-Einstellungen verhindert werden können.

Denn die ständige Bewertung durch Dritte kann sich auf Jugendliche in zweierlei Hinsicht auswirken. Sie kann das Selbstwertgefühl steigern, den Jugendlichen aber auch emotionalen Schaden zufügen (z. B. durch Cybermobbing). So wirkt die Unverbindlichkeit des Internets gegenüber der realen Face-to-face-Kommunikation enthemmend und kann andere Mitglieder in manchen Fällen zu Spott und Diskriminierung verführen.

Hier ist es in erster Linie die Öffentlichkeit des Netzwerkes, die die Ausbreitung von Schikane und Häme so gravierend macht.

Diskriminierungen oder Falschaussagen, die einmal veröffentlicht wurden, verbreiten sich unter Umständen wie ein Lauffeuer und verursachen Schäden bei den Betroffenen, die sehr belastend sein können. Hier verhält es sich ebenso wie in der Offlinewelt. Nur dass die Geschwindigkeit, mit der sich Informationen verbreiten, schneller und die Öffentlichkeit, die sie empfängt, größer ist.

Die Chancen und Möglichkeiten, soziale Netzwerke positiv, kreativ und identitätsstiftend zu nutzen, sind demnach eng geknüpft an den vorangegangenen Erwerb von Medienkompetenz. Ohne Medienkompetenz fällt es Jugendlichen schwer, sich in der Onlinewelt zurechtzufinden und die Ressourcen effektiv nutzen zu können. Leider hilft jedoch der Erwerb von Medienkompetenz nicht gegen die Unverbindlichkeit des Netzwerkes und die damit einhergehenden möglicherweise negativen Folgen.

(Aus: Sarah Schropp, Identitätsspielraum Internet. Die Relevanz des Handlungsspielraums jugendnaher sozialer Netzwerke für die Identitätsarbeit Jugendlicher am Beispiel von Facebook, Bachelor + Master Publishing, Imprint der Diplomica Verlag GmbH, Hamburg 2013, S. 47–49)

1 Nennen Sie die im Textauszug angeführten Risiken und beurteilen sie, inwiefern diese tatsächlich Identitätsdiffusion begünstigen können.
2 Erörtern Sie, welche pädagogischen Herausforderungen sich aus der Beschreibung der Risiken von Social Networks ergeben.

3.2.3 Zur pädagogischen Relevanz

Sarah Schropp schließt ihre Überlegungen mit folgendem Resümee ab:

Digitale Medien spielen in unserem Alltag zunehmend eine wichtigere Rolle. Gegenwärtig wachsen Jugendliche in einer Welt auf, die sich durch rasanten technischen Fortschritt fortwährend verändert. Vor allem Social Networks haben einen hohen Stellenwert im Medienrepertoire und Alltag der Jugendlichen.
Verändert hat sich in den vergangenen Jahrzehnten auch die Identitätsarbeit. Modelle, in denen Identität als kohärentes auf Lebenszeit konstantes Konstrukt dargestellt wird, gehören der Vergangenheit an. Metaphorische Patchworkmodelle, in denen Teil-Identitäten in einem lebenslang andauernden Prozess konstruiert, verändert und wieder neu zusammengesetzt werden, prägen das Bild der aktuellen Identitätsforschung. So kann beispielsweise die Identität in einem virtuellen sozialen Netzwerk ein Bestandteil dieser Teil-Identitäten bilden.
Demnach ist das Facebook-Profil durchaus als virtuelle Erweiterung der realen Identität zu verstehen. Der Unterschied zur Offlinewelt ist jedoch, dass alle Inhalte bewusst und gefiltert dargestellt werden.
Jugendliche scheinen das Potenzial der sozialen Netzwerke früh erkannt zu haben. Die meisten von ihnen sind Mitglieder in sozialen Netzwerken und kommunizieren dort eine vergleichsweise authentische Selbstdarstellung anhand ihres Profils. Sie führen zum Großteil eine Hybridexistenz, die sich bei Veränderung sowohl in der realen als auch in der digitalen Welt aktualisiert.
Die sozialen Netzwerke bieten ihnen Raum für freies Experimentieren mit der eigenen Identität sowie die Möglichkeit zur Selbstdarstellung und Partizipation. Darüber hinaus erhalten Jugendliche hier das Feedback einer Zielgruppe, der sie sich auch im realen Leben stellen müssen. Zugehörigkeit, Anerkennung und soziale Integration sind die Schlüsselwörter der jugendlichen Identitätsarbeit und die Basis der sozialen Netzwerke. Rollenbilder und Identitätsentwürfe, die Jugendliche in den Social Networks finden, können ihnen helfen, sich auch in der realen Welt zu orientieren. Somit beeinflussen die Netzwerke die Online-, gleichermaßen wie die Offline-Identität der Jugendlichen.
Die Kritik an sozialen Netzwerken, insbesondere der inflationäre Umgang mit personenbezogenen Daten, erzeugt in der Öffentlichkeit ein negatives Bild, das kaum Chancen und positive Aspekte aufzeigt. Leider wird die Tatsache oft völlig außer Acht gelassen, dass Risiken und Gefahren sozialer Netzwerke oft in Verbindung mit nicht vorhandener Medienkompetenz entstehen. Denn der kompetente und sachgerechte Umgang mit dem Medium Internet im Allgemeinen und mit sozialen Netzwerken im Besonderen setzt Medienkompetenz voraus.
Nur wenn Jugendliche über Medienkompetenz verfügen, sind sie in der Lage, das Internet und mit ihm die sozialen Netzwerke als erfolgreich identitätsstiftendes Hilfsmittel in der Identitätskonstruktion zu nutzen.
Nicht nur bei den Jugendlichen, sondern auch bei Eltern und Pädagogen muss ein Bewusstsein sowohl für die Chancen als auch für die Risiken sozialer Netzwerke geschaffen werden. Mediensozialisation und die Vermittlung von Medienkompetenz beruhen auf Aufgeschlossenheit gegenüber neuen digitalen Technologien und Kompetenz im Umgang mit neuen Medien. Der Pädagogik kommt hier eine hohe Relevanz zu.
Die reale Welt verliert nicht an Bedeutung für die Identitätsarbeit, dennoch muss ein Bewusst-

sein dafür entstehen, dass sie um eine digitale Welt ergänzt wurde, die nicht weniger starken Einfluss auf die Identitätsarbeit Jugendlicher nehmen kann. Die Aufgabe der Pädagogik besteht aktuell wie auch künftig darin, Jugendliche in einer Weise zu fördern, dass sie Medienkompetenz erlangen, und sie zu sensibilisieren, dass soziale Netzwerke nicht nur drohende Gefahren, sondern ebenso identitätsstiftende Ressourcen sein können.
Das Medium der sozialen Netzwerke ist schnelllebig und dynamisch und stellt sowohl Jugendliche als auch Pädagogen und Eltern vor neue Herausforderungen. Wichtig ist, die Augen nicht vor den Veränderungen zu verschließen, sondern den Weg mitzugehen und zu einem kompetenten und verantwortungsvollen Umgang der Jugendlichen mit sozialen Netzwerken beizutragen.

(Aus: Sarah Schropp, Identitätsspielraum Internet. Die Relevanz des Handlungsspielraums jugendnaher sozialer Netzwerke für die Identitätsarbeit Jugendlicher am Beispiel von Facebook, Bachelor + Master Publishing, Imprint der Diplomica Verlag GmbH, Hamburg 2013, S. 50–51)

1 Geben Sie die Hauptaussagen des Textauszuges wieder.
2 Erörtern Sie den pädagogischen Wert der angeführten Überlegungen. Greifen Sie auch auf Zusatzinformationen der Thesen von Verena Herber (siehe unten) zurück.

3.2.4 Faszination Social Web: (Un) sichtbare Gefahr oder Gewinn für die soziale Interaktion zwischen Jugendlichen? – Interdisziplinäre Überlegungen

Thesen zur Diskussion und Auseinandersetzung (Verena Herber)

1. Im Vergleich zur Face-to-Face-Kommunikation ist computervermittelte Kommunikation kanalreduziert und kann zu Missverständnissen führen. Dezisives Merkmal ist zudem das eigendynamische Potential. Auch wenn die Bezeichnung Facebook auf den ersten Blick eine Face-to-Face-Kommunikation zu suggerieren scheint, ist diese im Rahmen computervermittelter Kommunikation nicht als solche vollständig realisierbar, sondern nähert sich ihr lediglich mit Hilfe von Substitutionen an, wie eine Asymptote, die sich einer Funktion beliebig nähert.
2. „Facebook ist die Bühne, auf der die Jugendlichen ihre Wirkung erproben.“ (Spiegel 2012: 132) Facebook wird von jugendlichen Usern als Selbstdarstellungsmedium genutzt, jedoch nicht im Sinne einer Identitätsverfälschung und -inszenierung, sondern eher als möglichst authentische Präsentation unter Hervorhebung selbstrelevanter, positiver und Vernachlässigung negativer Facetten: Selektive Selbstdarstellung.
3. Der Freundschaftsbegriff in Facebook unterliegt einem Wandel: Im Vergleich zu seiner langen Tradition ist durch die Übersetzung des englischen Begriffs „friend“ ein Bedeutungsverlust zu konstatieren: auch schwache Bindungen werden in Facebook als „Freunde“ bezeichnet. Der traditionelle Freundschaftsbegriff wird demgegenüber mit einem hohen moralischen Wert verbunden und stellt eine besondere, kostbare Verbindung dar, die eine große Rolle in dem Leben der Menschen spielt.
Facebook kann – dessen ungeachtet – eine Bereicherung für die soziale Interaktion unter Jugendlichen darstellen:
- insbesondere aufgrund der „Entzeitlichung“ und „Entörtlichung“ sowie der globalen Dimension,
- als ergänzendes Medium zur Face-to-Face-Kommunikation,
- zur Beziehungspflege, Auffrischung alter Kontakte, Aufbau neuer Kontakte.

Die vorherrschenden Meinungen bzgl. der Auswirkungen des Social Webs auf soziale Beziehungen zeichnen sich durch eine starke Ambivalenz aus. „Das Potential von Medien (ist) immer schon ambivalent“ (Münker 2009: 32)
4. Einerseits besteht bei den Jugendlichen ein starker Wunsch nach Selbstdarstellung, Wiedererkennbarkeit und sozialer Interaktion, andererseits nach Schutz ihrer Privatsphäre und

Kontrolle über ihre Daten. Da Voraussetzung für die Selbstdarstellung jedoch gerade die Bereitschaft zur Selbstoffenbarung, i.e. zur Preisgabe privater Informationen, ist, entsteht eine Dilemma-Situation, die sich durch das „Privacy"-Paradox beschreiben lässt. Die Datenschutzproblematik resultiert weniger aus einem Mangel an Einstellungsmöglichkeiten zum Schutz der Privatsphäre, als vielmehr daraus, dass die vielseitigen Privatsphäreeinstellungen von den Usern entweder aufgrund ihrer Komplexität und mangels Medienkompetenz nicht verstanden, aus Unaufmerksamkeit übersehen werden oder ihre Aktivierung für unnötig gehalten und gar nicht erst in Betracht gezogen wird.

5. Die zuvor beschriebene Selbstdarstellung (These 2) kann eine reiche Quelle an persönlichen Daten und Informationen für Kriminelle darstellen, die Basis für weitere kriminelle Betrügereien sein können. Dadurch entsteht u.U. ein Gefährdungspotential für die Jugendlichen.

6. Die kriminellen Betrügereien können sogar so weit gehen, dass die Jugendlichen – oft aus Unwissen oder Unaufmerksamkeit – durch das Verteilen von „Klicks" in Onlinefallen geraten und Malware aktivieren, die schlimmstenfalls ihr Computersystem und ihre Aktivitäten komplett ausspioniert bzw. selbst in ihrem Namen auf Facebook aktiv wird. Die Grundidee der sozialen Vernetzung und die damit verbundene Eigendynamik (These 1) ermöglicht eine geradezu exponentielle Verbreitung von Betrugsnachrichten, wodurch den Tätern eine relativ hohe Erfolgsquote gesichert ist.

7. Eine zunehmende Gefahr für die Reputation Jugendlicher stellen Profilfälschungen und Identitätsdiebstähle dar, insbesondere dann, wenn der Identitätsdiebstahl eine Form von Cybermobbing ist.

8. Zunehmend wird Mobbing von der Offlinewelt in die Onlinewelt übertragen. Dies kann aufgrund der zuvor beschriebenen Charakteristika computervermittelter Kommunikation, v.a. wegen der Eigendynamik, verheerende Konsequenzen für die Opfer haben.

9. Das Social Web kann ein enormes eigendynamisches Potential entwickeln, das sowohl positive, als auch verheerende, negative Folgen haben kann. Es begünstigt gleichermaßen die Aufklärung von Verbrechen wie auch digitale Lynchjustiz.

10. Große Priorität nimmt im Rahmen der Bekämpfung der Onlinekriminalität der Jugendschutz ein, der die Meinungs- und Informationsfreiheit (Art. 5 Abs. 2 GG) einschränkt und unter dem Schutzauftrag des Staates wie auch der Eltern (Art. 6 Abs. 2 Satz 1 GG) steht. Dadurch bildet die Grundrechtsnorm die Basis für die Pflicht des Staates, jugendgefährdende Inhalte im Internet zu sperren und „Regelungen zur Abwehr jugendbedrohender Gefahren in Medien zu erlassen" (Wien 2012: 198).

11. Das Internetrecht gewinnt im Zuge der Medialisierung an Relevanz, da zunehmend Verbrechen aus der Offline- in die Onlinewelt verlagert werden. Die globale Dimension des Internets stellt ebenso wie der Bedarf ständiger Aktualisierung und Anpassung von Gesetzen eine Herausforderung für das Internetrecht dar. Lange Zeit wurde das Internet „als globaler rechtsfreier Raum gesehen, als eine rein virtuelle, von allen Realitätsbezügen losgelöste Sphäre" (Volpers 2004: 181). Dem Internetrecht kommt die Herausforderung zu, diese Ansicht endgültig zu widerlegen.

12. Die Entwicklung von Medienkompetenz als präventiver Jugendschutz bildet „eine gesamtgesellschaftliche Aufgabe ersten Ranges, die gemeinsam durch Eltern, Schule und Staat bewältigt werden muss" (Richard/ Krafft-Schöning 2007: 110).

(Aus: Verena Herber, Faszination Social Web: (Un) sichtbare Gefahr oder Gewinn für die soziale Interaktion zwischen Jugendlichen? Fascination Social Web: (In)visible danger or a valuable addition to the social interaction between young people? Münster 2012 [ohne Anmerkungen] © Verena Herber)

4. Möglichkeiten und Grenzen persönlicher Lebensgestaltung mit Blick auf Bildung und Beruf (nur LK)

(Foto: Georg Bubolz, Erkelenz)

„Der wahre Beruf des Menschen ist, zu sich selbst zu kommen."

Friedrich Nietzsche

4.1 Hinführung: Jorge Bucay, In Kürze

Jorge Bucay, 1949 in Buenos Aires geboren, ist Autor, Psychiater und Gestalttherapeut. Vor allem seine Geschichten zu einem humanen Zusammenleben haben ihn bekannt gemacht.

Heute bei Tagesanbruch wurde ich geboren,
verlebte meine Kindheit am Morgen,
und über Mittag
hatte ich bereits meine Jugend verbracht.
Es erschreckt mich nicht,
dass meine Zeit so schnell vergeht.
Doch beunruhigt mich ein wenig der Gedanke,
dass ich vielleicht morgen
schon
zu alt dazu bin,
das zu tun, was ich bislang aufgeschoben habe.

(Jorge Bucay, In Kürze, in: Geschichten zum Nachdenken. Aus dem Spanischen von Stephanie von Harrach, 4. Aufl. Fischer Taschenbuch, Frankfurt/Main 2013, S. 68; © Ammann Verlag & Co , Zürich 2006)

1 Interpretieren Sie den Text von Jorge Bucay.
2 Erörtern Sie, was der Text mit Möglichkeiten und Grenzen persönlicher Lebensgestaltung im Hinblick auf Bildung und Beruf zu tun haben könnte.

4.2 Identität im Hinblick auf Bildung, Arbeit und Beruf

Rolf Oerter, Jahrgang 1931, war zunächst im Schuldienst tätig, bevor er als Wissenschaftler Psychologie in Augsburg und München lehrte, wo er von 1981 bis 1999 den Lehrstuhl für Entwicklungspsychologie leitete. Oerter ist Mitglied der Ethikkommission der Fakultät für Psychologie und Pädagogik.

In einer Untersuchung von 70 Auszubildenden und 30 Gymnasiasten beiderlei Geschlechts wurden Jugendliche mit Hilfe eines semistrukturierten Interviews über ihr Verständnis von Beruf und Arbeit befragt (Oerter, 1985). Fast alle Jugendlichen sahen in ihrer jetzigen oder zukünftigen beruflichen Arbeit für sich ein Potenzial zur Selbstverwirklichung. Die Valenz von Arbeit und Beruf lässt sich in drei Ebenen gliedern: subjektive, objektive und abstrakte Valenz. Subjektive Valenz erhält der Beruf durch seine Attraktivität, das Interesse an seinen Handlungsmöglichkeiten und durch die eigenen Fähigkeiten, die man in ihm verwirklichen kann. Subjektive Valenz des Berufs dient somit der Erhöhung der eigenen Selbstwirksamkeit. Objektive Valenz besitzt der Beruf dadurch, dass er eine inhaltlich bestimmbare Funktion in der Gesellschaft hat und innerhalb des ökonomischen Systems bestimmte Aufgaben erfüllt. Objektive Valenz hat mit der Rolle zu tun, die dem Individuum einen bestimmten Platz zuweist. Abstrakte Valenz erhält ein Gegenstand und damit auch Arbeit und Beruf, wenn er unabhängig von seiner inhaltlichen Funktion und unabhängig von subjektiver Attraktivität Wert besitzt. So gelten Arbeit und Beruf in unserer Gesellschaft als hoher Wert. Nur wer arbeitet und einen Beruf hat, gilt als vollwertiges Mitglied der Gesellschaft. Diese zumindest implizite Wertzuweisung hat zur Folge, dass der Beruf zum wesentlichen Bestimmungsmerkmal der Identität wird und Arbeits-

Entwicklung der Identität

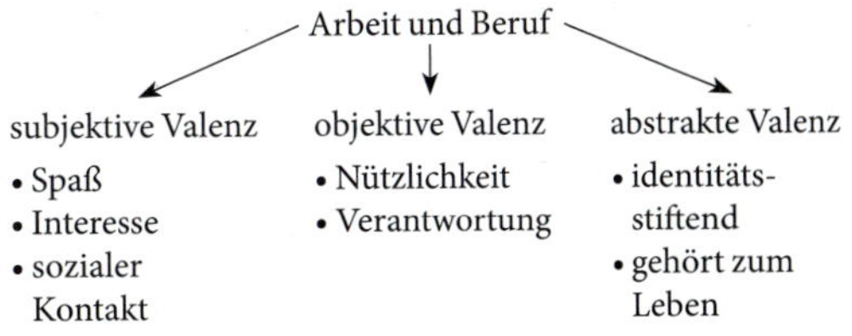

Die Abbildung demonstriert Beispiele der Valenzzuweisung von jugendlichen Auszubildenden (nach Oerter, 1985). Wie ersichtlich ist, finden sich alle drei Valenzebenen in der phänomenologischen Beschreibung von Arbeit und Beruf. Quantitativ erfahren allerdings subjektive und abstrakte Valenz die häufigsten Nennungen. Aus der Sicht arbeitstätiger Jugendlicher spielt also der gesellschaftliche Wert, die konkrete ökonomische Funktion des Berufs eine relativ geringe Rolle.

losigkeit zur Identitätsverletzung führt. Für die betroffenen Jugendlichen, die gerade ihre Identität erst aufbauen, werden Arbeit und Beruf infolge ihrer abstrakten Valenz zur kritischen Entwicklungsaufgabe, bei der man versagt, wenn man keinen Arbeitsplatz findet oder das Durchhaltevermögen auf einer Lehrstelle nicht aufbringen kann.

Beruf und Identitätsform

Bei der Ermittlung der vier Identitätsformen (Marcia, 1980) werden auch Fragen zu Beruf und Arbeit einbezogen. Als übernommene berufliche Identität gilt die problemlose und unreflektierte Übernahme des Berufswunsches der Eltern bzw. des elterlichen Handwerks (Schreiner) oder Berufes (Arzt). Berufsbezogene Wertüberzeugungen sind eher übernommen und weniger kritisch geprüft. Diffuse berufliche Identität ist gekennzeichnet durch Gleichgültigkeit, Interesselosigkeit und Beliebigkeit gegenüber beruflichen Fragen. Personen mit diffuser Identität könnten aktuell irgendeine beliebige Tätigkeit ausüben. Wertfragen spielen kaum eine Rolle. Ein berufliches Moratorium besteht dann, wenn eine Person sich aktuell weigert, Engagement in einem Beruf zu übernehmen, gleichzeitig aber intensiv verschiedene Arbeits- und Berufsmöglichkeiten exploriert. Die erarbeitete berufliche Identität schließlich besteht in der kritisch geprüften Entscheidung für einen Beruf, der Verpflichtung und dem Engagement für diesen Beruf sowie der Bereitschaft, sich weiterzubilden und neue Kompetenzen zu erwerben. Internalisierte Wertüberzeugungen bestimmen Berufswahl und -tätigkeit. Da für die zentrale Aufgabe des Jugendalters, der Identitätsformation, ein Moratorium, das die erarbeitete Identität vorbereitet, wünschenswert ist, erscheint auch unter dieser Perspektive eine zu frühe Berufswahl und eine vorzeitige berufliche Ausbildung entwicklungspsychologisch dysfunktional.

Ausblick: Identitätsbildung als lebenslanger Prozess

Beruf und Arbeit werden infolge ihrer abstrakten Valenz ab dem frühen Erwachsenenalter zu einem zentralen Bestandteil der Identität, und die Arbeitslosigkeit, vor allem diejenige, die im späten mittleren Erwachsenenalter heute systematisch einsetzt, stellt eine Entwicklungsaufgabe dar, von deren Bewältigung die Unversehrtheit der Identität und das mit ihr verbundene Selbstwertgefühl abhängen. Der Berufsaspekt und seine Bedeutung im Erwachsenenalter führten zu der Frage, ob Identitätsentwicklung im späteren Leben die gleiche Bedeutung hat wie im Jugendalter.

In konservativen Gesellschaften ist Identität in der Hauptsache nur alterbedingten Veränderungen unterworfen. Die Gesellschaft hält bestimmte Rollen bereit, die meist auch altersgebunden sind. Die Aufgabe des Individuums besteht dann nur darin, diese altersbezogenen Rollen angemessen zu bekleiden. In modernen Gesellschaften gibt es zwar nach wie vor solche an das Alter gebundene Rollen und Aufgaben, doch sind ihre Mitglieder einer völlig anderen und neuen Situation ausgesetzt: Gesellschaft und Kultur entwickeln sich so rasch, dass ihr Tempo die individuelle Entwicklungsgeschwindigkeit bereits übertrifft. Damit wird die individuelle Identität ihrer Geborgenheit in einer stabilen, vorhersagbaren Umwelt beraubt. Da sich Identität, wie bereits mehrfach dargestellt, durch ihre Umweltbezüge definiert, bedeuten die gegenwärtigen säkularen Veränderungen eine Bedrohung für die Identität und bewirken nicht selten die tiefgreifende Erfahrung von Entfremdung.

Das Leben wird als sinnlos angesehen, Identitäten zerbrechen, psychopathologische Entwicklungen mit Identitätsstörungen mehren sich. Daher erscheint es angebracht, darüber nachzudenken, wie man angesichts dieser stark veränderten Situation das Risiko des Identitätsverlustes und der Entfremdung mindern kann. Eine solche Situation verlangt innovative und zugleich altbewährte Maßnahmen. Einige Vorschläge seien abschließend genannt.

• Stabile soziale Beziehungen. Wenn schon die Umwelt großen Veränderungen unterworfen ist, sollte man für stabile Beziehungen im sozialen Netzwerk sorgen. Im Erwachsenenalter sind die besten Garanten Partnerschaft und Familie, sofern die Beziehungen über lange Zeit hinweg halten. Die hohen Scheidungsraten sind dabei wenig dienlich und sicherlich bereits ein Effekt der generell instabilen Umwelt und ihrer geringen Vorhersagbarkeit. Eine Familie mit Kindern kann Beziehungen über zwei Generationen hinweg aufrechterhalten, und die Forschung zeigt, dass stabile Partner- und Familienbeziehungen für individuelles Wohlbefinden, für Gesundheit bis hin zur Langlebigkeit sorgen. Wer sich der Bedeutung stabiler Beziehungen bewusst ist, wird nicht leichtfertig Beziehungen lösen, aber auch nicht leichtfertig Bindungen eingehen, die instabil sind.

• Entkoppelung von Beruf und Identität. Die gerade in Deutschland dominierende Ideologie, dass Arbeit und Beruf die Identität bestimmen, stellt ein Entwicklungsrisiko für Erwachsene dar. Es ist vorteilhaft, sich auch über andere Bereiche zu definieren als nur über den Beruf. Mit dem kritischen Ereignis der (Dauer-)Arbeitslosigkeit wird die Trennung von Beruf und Identität zur wichtigen Entwicklungsaufgabe.

• Stabile Identität trotz Flexibilität. Der moderne Arbeitsmarkt stellt widersprüchliche Anforderungen. Einerseits verlangt er hohe Flexibilität in der Bereitschaft, neue Arbeit anzunehmen und den Wohnort zu wechseln bis hin zu längeren Auslandsaufenthalten, andererseits werden Arbeitnehmer mit stabilen Beziehungen einschließlich der Familie bevorzugt. Sofern jedoch die Familie zusammenhält und Kompetenzen für Konfliktlösen hat, lässt sich Flexibilität realisieren. Die in Deutschland verbreitete Bindung an Haus und Grund steht der Flexibilität (auch statistisch gesehen) stark im Weg. Daher ist der Verzicht auf ein und denselben Wohnsitz auf Dauer unabdingbar. Die Selbstdefinition durch Wohnung oder Haus ist psychologisch gesehen ohnedies nicht die optimale Lösung für eine erarbeitete Identität (Marcia, 1980).

• Bildung und Weiterbildung. Es gibt neben den persönlichen Beziehungen auch andere flexible Umweltbezüge, die man gewissermaßen stets mit sich herumträgt, nämlich Bildung und Wissen. Das ständige Weiterlernen ist nicht nur eine gesellschaftliche Notwendigkeit geworden, es bildet die Quelle für Identitätserweiterung und -stabilisierung. Das Eindringen in neue kulturelle Welten und der damit verbundene Aufbau von Wissen und Erfahrung gewährleisten Umweltbezüge, deren Stabilität nicht durch äußere wechselnde Umstände beeinträchtigt wird. Bildung kann zur Quelle von Glück und Wohlbefinden werden, und der Zugang zur Bildung ist für alle ohne hohen finanziellen Aufwand erreichbar (freie Eintritte in Museen am Wochenende, einfacher Zugang zu Tonträgern, kostenlose Benutzung von Bibliotheken etc.).

• Bewusste Auseinandersetzung mit neuen bedrohlichen Situationen. Ereignisse wie Partnerverlust und Arbeitsverlust erfordern eine bewusste, selbstkritische Beschäftigung mit der Situation. Im Vorteil ist gewiss, wer die Stufe vier (mutuelle Identität) und die Stufe fünf (gesellschaftlichkulturelle Identität) des Menschenbildes für sich konzipiert hat. Dann können solche Situationen als systemische Auswirkungen gesellschaftlicher und wirtschaftlicher Entwicklung verstanden (Stufe 5) und durch reife Kommunikation mit dem Partner, der Partnerin (Stufe 4) bewältigt werden. Ein wichtiges Moment für die Identitätsentwicklung ist dabei die Berücksichtigung der Zeitperspektive. Wer seine gegenwärtigen Entscheidungen zugleich daraufhin überprüft, ob sie der Integrität der Identität in späteren Jahren bis hin zum Alter dienlich oder hinderlich sind, arbeitet zugleich aktiv an seiner Identität.

(Aus: Rolf Oerter: Entwicklung der Identität, in: Psychotherapie 11. Jahrg. 2006, Bd. 11, Heft 2 © CIP-Medien, München, S. 187–189, in: http://cip-medien.com/media/download_gallery/06-02/2006-2-07%20Oerter.pdf - 1.12.2014)

1 Arbeiten Sie den Gedankengang des Textauszuges heraus.
2 Erörtern Sie die von Rolf Oerter vorgetragenen Vorschläge, wie man angesichts der „stark veränderten Situation das Risiko des Identitätsverlustes und der Entfremdung mindern kann".
3 Beurteilen Sie den pädagogischen Ertrag aus den Überlegungen von Rolf Oerter zu Möglichkeiten und Grenzen persönlicher Lebensgestaltung mit Blick auf Bildung und Beruf.

Heinz-Elmar Tenorth, geb. 1944, war bis 2011 Professor für Historische Erziehungswissenschaft an der Humboldt-Universität zu Berlin. Seine Arbeitsschwerpunkte waren vor allem „Historische Bildungsforschung“, „Universitätsgeschichte“ sowie „Kanonisierung und Standardisierung im Bildungsbereich“.

Bei der Gestaltung des Bildungssystems prallten in der Geschichte oft scheinbar unvereinbare Positionen aufeinander: Wissenserwerb vs. Persönlichkeitsentwicklung, Zweckfreiheit vs. Verwertbarkeit, Bildung vs. Erziehung. Gibt es eine Position jenseits dieser Gegensätze? Was ist heute gute Bildung? [...] Kontroversen über das angemessene Bildungsideal und seine Verwirklichung kommen auch in aktuellen Diskussionen über die Schule zum Tragen: Ob es nun um die Gestaltung der Schulstruktur geht, die Definition von Bildungsstandards, die Inhalte des Lehrplans, das Rollenverständnis von Lehrkräften – immer werden hier auch ganz grundlegende Fragen verhandelt: Soll Bildung zweckfrei sein oder vor allem verwertbar auf dem Arbeitsmarkt? Soll Wissenserwerb im Vordergrund stehen oder Persönlichkeitsentwicklung? Gehört zum Bildungsauftrag der Schule auch Erziehung? Bildungsideale verbinden sich so von Beginn an mit der Bildungspolitik und dem Bildungssystem als dem bevorzugten Ort, von dem man die Realisierung der Ideale erwartet.

Bildung und Erziehung – eine Begriffsbestimmung

Im 19. Jahrhundert *definierte* sich die deutsche „Kulturnation“ geradezu über Bildung und grenzte sich dadurch von anderen Nationen ab – etwa England und Frankreich. [...] Insofern gehört der Begriff der „Bildung“ zu den Schlüsselworten der deutschen Geschichte.
Jenseits derart euphorischer Überhöhungen und ganz nüchtern betrachtet, behandelt „Bildung“ aber gemeinsam mit „Erziehung“ zunächst nur die historisch gegebenen sowie die erwünschten Formen und Bedingungen des Aufwachsens in Gesellschaften. Dabei bezeichnet „Erziehung“ eher die gesellschaftliche Prägung dieses Prozesses, also die Vermittlung von Wertmaßstäben und Verhaltensnormen, die in der Gesellschaft des Heranwachsenden als wünschenswert gelten. „Bildung“ dagegen, als Prozess und Produkt, wird meist von einem bestimmten Ideal aus interpretiert.
Heute wird sie wesentlich vom Individuum aus gedacht und zwar – im Gegensatz zu Erziehung – als eine aktive und maßgeblich selbstverantwortete Tätigkeit. Diese Fixierung verdankt der Begriff seinem Ursprung: Im ausgehenden 18. Jahrhundert kam es im Zuge der Aufklärung zur Ablösung von religiösen Vorstellungen, der Mensch wurde [...] gedacht [...] als Akteur in der Welt, mit Rechten und Pflichten, die dort auch verankert sind. Das Ideal des „mündigen“, selbständig denkenden und selbst lernenden Menschen hat hier seinen Ausgangspunkt. Bildung – verstanden als unverzichtbare Voraussetzung der Mündigkeit – erlangte hier ihren zentralen Stellenwert: Die Bestimmung des Menschen wurde nun in Freiheit und Selbstbestimmung gesehen und das Aufwachsen als ein Prozess, in dem sich der Mensch die Welt selbsttätig aneignet und sich und die Welt zugleich gestaltet, so dass er seine Identität findet und zum „Gebildeten“ wird.

Das Humboldtsche Bildungsideal: Gleiche Bildung für alle

Stilbildend für die Einheit von Philosophie und Politik der Bildung wurde der preußische Diplomat, Bildungspolitiker und Sprachphilosoph Wilhelm von Humboldt (1767–1835). Sein Bildungsideal ist klassisch geworden: *„Der wahre Zwek des Menschen ... ist die höchste und proportionirlichste Bildung seiner Kräfte zu einem Ganzen.“*
In der Rezeption ist es meist der Begriff der „harmonisch gebildeten Persönlichkeit“, der diese Erwartung festhält. Auch die Form der Realisierung dieses Bildungsideals bezeichnet der Liberale Humboldt präzise:

„Zu dieser Bildung ist Freiheit die erste, und unerlässliche Bedingung. … ausser der Freiheit … Mannigfaltigkeit der Situationen." (Wilhelm von Humboldt)

Freiheit, auch gegenüber dem Staat, und eine produktive Vielfalt der Lernmöglichkeiten sind hier Programm. Humboldt stellt Bildung zugleich in ein Verhältnis zur Bildungspolitik. Dann wird „allgemeine" Bildung zum Thema, d.h. die bis heute aktuelle Frage, welche Kompetenzen *jeder* Heranwachsende in unserer Gesellschaft erwerben muss, um selbstbestimmt an Politik und Gesellschaft, Kultur und Ökonomie teilnehmen und seinen Lebenslauf als Lernprozess gestalten zu können. Sein eigenes „humanistisches" Ideal grenzt Humboldt von aller „utilitaristischen", primär auf Nützlichkeit, Stand und Beruf konzentrierten Perspektive ab, die man bei seinen Zeitgenossen in Politik und Pädagogik auch findet. Er formuliert im Blick auf das Bildungssystem vielmehr den universalen Anspruch bürgerlicher Gesellschaften: Hier zielt der *„Allgemeine Schulunterricht … auf den Menschen überhaupt"*, unabhängig von Stand und Geschlecht, Herkunft oder Ethnizität, notwendig für die Zivilisierung und Moralisierung der Gesellschaft. Das Lernen in Schulen dürfe daher auch *„nur Ein und dasselbe Fundament"* haben:

„der gemeinste Tagelöhner und der am Feinsten Ausgebildete muss in seinem Gemüthe gleichgestimmt werden… Auch Griechisch gelernt zu haben könnte auf diese Weise dem Tischler ebenso wenig unnütz sein, als Tische zu machen dem Gelehrten."

Aus diesem Grund wendet sich Humboldt entschieden gegen ein ständisch gegliedertes Schulsystem aus Bauern-, Bürger- und Gelehrtenschulen und entwirft in seinem „Litauischen Schulplan" (1809) stattdessen ein System von aufeinander folgenden „Stufen des Unterrichts" – Elementarunterricht, Schulunterricht und Universitätsunterricht –, in denen sich der Bildungsgang der Individuen nach ihren je eigenen Möglichkeiten und Zielen vollzieht.

Kritik an Humboldts Prinzipien und ihre Folgen

Humboldts liberale Reformvorstellungen stoßen allerdings bei Konservativen auf vehementen Widerspruch, zumal in Zeiten der politischen „Restauration" nach 1819. So entgegnet etwa der Ministerialbeamte Ludolph von Beckedorff, einer der schärfsten Kritiker von Humboldts Vorstellungen, dass es *„nun mal verschiedene Stände und Berufe in der menschlichen Gesellschaft"* gebe, weshalb es *„nicht endlich einer künstlichen Gleichheit der Volkserziehung"*, sondern vielmehr *„einer naturgemäßen Ungleichheit der Standeserziehung"* bedürfe. Humboldts Ideen würden *„[f]ür Republiken mit demokratischer Verfassung … vielleicht passen"* mit monarchischen Institutionen seien sie dagegen unvereinbar.

In der Einrichtung und Gestaltung des Bildungssystems in Deutschland können sich Humboldts Prinzipien wegen solcher Konflikte bis heute nicht ungebrochen durchsetzen. Statt der Gleichheit der Lernangebote werden Schulformen und Bildungswege eingerichtet, die früh separieren, unterschiedliche Abschlüsse und damit auch unterschiedliche Lebenschancen eröffnen und nicht nur die individuellen Fähigkeiten und Neigungen im Lernen zur Geltung kommen lassen. Bis heute sind Kriterien der sozialen oder ethnischen Herkunft oder des Geschlechts und der Region immer noch für Erfolg und Misserfolg im Bildungswesen von großer Bedeutung, ungeachtet der radikalen Veränderung in den Teilhabechancen an ‚höherer' Bildung; denn im Unterschied zu Humboldts Zeiten erwerben nicht weniger als ein Prozent, sondern mehr als 40 Prozent des Altersjahrgangs, auch nicht allein aus bürgerlichen Schichten, eine Studienberechtigung. Dennoch stehen die damaligen öffentlichen Kontroversen über das Bildungssystem auch heute noch auf der Tagesordnung und nicht selten dient das Humboldtsche Ideal als Maßstab, der für Bildungsgerechtigkeit an das heutige Bildungssystem angelegt wird.

Wa(h)re Bildung?

Der Begriff der „Bildung" wird dabei intensiv genutzt, vielfach in kritischer Absicht: gegen die aktuelle Bildungspolitik und das allgegenwärtige Messen und Zählen, gegen die Rankings von Schulen und Universitäten, gegen internationale Leistungsvergleiche wie PISA, auch gegen

Versuche, Bildung in ihren Ergebnissen an Standards und fachlich festgelegten Kompetenzen, z.B. in Deutsch oder Mathematik zu messen, statt an der Anstrengung der Individuen. Kritiker sehen in diesen Reformen die Reduktion des Lernens auf Wissen und seine Verwertbarkeit, sie sehen Ökonomisierung von Bildung statt freier Menschenbildung, Selektion als Prinzip statt individueller Förderung. Kurzum: Statt sich auf die freie Entfaltung der Talente und Begabungen eines jeden Einzelnen zu richten, werde Bildung für gesellschaftliche Zwecke instrumentalisiert.
Die schärfste Kritik dieser Art findet sich schon 1970 beim Frankfurter Erziehungstheoretiker Heinz-Joachim Heydorn. In gesellschaftskritischer Absicht konstruierte er einen scharfen Gegensatz von Bildung und öffentlicher Erziehung: *„Bildung“* so spitzte er zu, *„wird die Antithese zum Erziehungsprozess“* und zwar *„als entbundene Selbsttätigkeit, als schon vollzogene Emanzipation“*, als *„eine neue, geistige Geburt“*. Erziehung dagegen sei *„Einfügung, Unterwerfung, Herrschaft des Menschen über den Menschen ..., bewusstloses Erleiden“*, nur ein *„Weg durch das Zuchthaus der Geschichte“*. Vor diesem Hintergrund wird die aktuelle Bildungspolitik als eine Form der Unterwerfung der Individuen unter einen fremden Maßstab kritisiert. „Unbildung“ sei das Ergebnis, die Unterwerfung unter die Logik der Ökonomie, Bildung werde als Ware betrachtet und gegen ihren eigenen Wert deformiert.

Die gesellschaftliche Dimension von Bildung
Die politischen Akteure im Bildungssystem, aber auch in der Bildungsforschung bestreiten das natürlich vehement. Sie machen darauf aufmerksam, dass Bildung eben nicht allein im Blick auf das Subjekt gesehen werden könne, sondern immer auch zugleich eine gesellschaftliche Dimension habe. Denn in [...] Gesellschaften, [...] die sich an Leistung und an universalen Leistungskriterien orientieren, diene Bildung eben nicht nur der Entfaltung des Einzelnen, sondern ebenso der Zuteilung gesellschaftlicher Privilegien: Insofern sei Bildung sehr wohl auch *Besitz*, ausgedrückt in Zertifikaten wie dem Abitur, mit dem die Berechtigung zum Hochschulstudium und damit der Weg zur Karriere eröffnet wird. Aufstiegsversprechen und Zukunftshoffnungen sind insofern legitimer Weise ebenso mit schulischen Karrieren verbunden wie die bessere Sicherung vor Arbeitslosigkeit, höhere Einkommen und selbst Gesundheit und psychisches Wohlbefinden. Soziologische Beobachter sehen deshalb auch zu Recht im Fehlen von Zertifikaten und marktfähigen Kompetenzen die Ursache für neue Formen der Armut, die das Bildungssystem nicht verhindert.
„Zertifikatsarmut“ und „Kompetenzarmut“ (Jutta Allmendinger, 1999) zusammen erzeugen „Risikogruppen“, denen der Lebenslauf als Bildungsweg versperrt ist, weil ihnen das „Bildungsminimum“ fehlt, das unsere Gesellschaft von einem jeden Heranwachsenden verlangt, damit er selbstbestimmt aufwachsen kann. Ohne kulturelle Basiskompetenzen – im Lesen und Schreiben, im Rechnen und naturwissenschaftlichen Verstehen, in der Fähigkeit das eigene Lernen zu organisieren und im Mediengebrauch – also ohne grundlegende Bildung sei alle Zukunft verstellt.

Bildung – Ausstattung zum Verhalten in der Welt
Gibt es eine Position jenseits der Konflikte, lassen sich Bildungsideale formulieren, die allgemein anerkennungsfähig sind? Ein nüchterner Blick ist zunächst angezeigt, Sinn für das, was Bildung zuerst und notwendig und unausweichlich für die Individuen bedeutet. Dann gilt: *„Bildung ... ist Ausstattung zum Verhalten in der Welt.“* (Saul B. Robinsohn, 1969) – und zwar notwendige Ausstattung. Diese Bildung orientiert sich dann nicht an den großen Leitbildern der hohen Kultur – in Deutschland etwa am „Gebildeten“ oder in England am „Gentleman“ –, sie wird alltägliche Praxis. In der modernen Welt, in der eine Vielfalt von Lebensformen und Normen existiert, bedeutet das zuerst, dass wir zum *„Umgang mit Menschen“* (Adolph Freiherr Knigge, 1788) fähig werden, dass wir uns zivilisiert verhalten müssen und können, in unserem Verhalten berechenbar für andere, lernbereit und kommunikationsfähig, nicht gewaltförmig auf neue Probleme und auf die

Erfahrung des Fremden oder auf andere Kulturen reagieren.
Es sind deshalb Formen des Verhaltens in und gegenüber der Welt, die grundlegende Bildung ausmachen, aber auch weitere Bildung ermöglichen. Bildung bedeutet nicht primär Wissen, sondern Kompetenzen, Haltungen und ein Verhalten, der Welt, sich selbst und anderen gegenüber: Dazu gehören kognitive Fähigkeiten, wie sie von den Kernfächern der Schule – von den Sprachen zu Mathematik und Naturwissenschaften – gefordert werden, ästhetisch-expressive Kompetenzen, im Umgang mit uns selbst, mit unserem Körper und in einer künstlerisch-musischen Praxis, normative Erwartungen, die sich historisch und politisch stellen, durch den Wertekanon unserer Gesellschaft und Kultur, um tolerant gegenüber anderen Kulturen, politisch urteilsfähig und in Anerkennung der Gesetze zu handeln, bereit, sich selbst engagieren.

Der Anspruch an Bildung heute: Einen Horizont an Möglichkeiten öffnen

Bildung steht deshalb auch nicht im Gegensatz zu Erziehung, wie Kritiker sagen, sondern ist eingelagert in den alltäglichen Prozess des Aufwachsens, weil sie sonst gar keinen Ort hat, an dem beides gelernt wird: die notwendige Anpassung an die Gesellschaft und die Verselbständigung des Einzelnen gegenüber Außenerwartungen. In modernen Gesellschaften sind beide Erwartungen an den Prozess des Aufwachsens untrennbar verbunden, der der *Vergesellschaftung*, dass man so wird wie alle, sprach- und handlungsfähig und den gesellschaftlich geltenden und demokratisch legitimierten Gesetzen und Regeln, Normen und Gebräuchen unterworfen, und der der *Individualisierung*, dass man seine eigene Identität ausbildet, zur eigenen Persönlichkeit wird, unverwechselbar und fähig, individuelle Ziele und Lebensentwürfe zu rechtfertigen und zu verfolgen. Wer hier nur Gegensätze erkennt, gar unversöhnliche Widersprüche, hat Bildung als Erwartung an unser Verhalten und als Kern der notwendigen sozialen und kognitiven, politischen und moralischen Kompetenzen nicht richtig verstanden.
Insofern gilt: Bildung ist unverzichtbar, sie kann nicht gegen, sondern nur in Gesellschaft erworben werden. Aber das schließt die Erwartung ein, dass alle Heranwachsenden die Fähigkeit erwerben, sich gegenüber der gesellschaftlichen Realität reflexiv zu verhalten, kritisch, mit der Kompetenz zur Unterscheidung und der Bereitschaft, an Veränderung zu denken. Mit Bildung ist auch nicht nur eine einzige, etwa die bildungsbürgerliche Option der Gestaltung von Welt verbunden. Bildung eröffnet in pluralen Gesellschaften einen offenen Horizont an Möglichkeiten. Das Bildungssystem muss auf diesen offenen Horizont vorbereiten, fähig zur Wahl gemäß den eigenen Interessen, aber der Tatsache bewusst, dass die Anerkennung der je Anderen die Bedingung der Möglichkeit der eigenen Entfaltung darstellt.

(Heinz-Elmar Tenorth, Bildung – Zwischen Ideal und Wirklichkeit. Ein Essay, in: Bundeszentrale für politische Bildung, Dossier Zukunft Bildung, 9.9.2013, [ohne Anmerkungen] nach: http://www.bpb.de/gesellschaft/kultur/zukunft-bildung/146201/bildungsideale - 13.02.2015)

1 Geben Sie den Gedankengang des Textautors gegliedert wieder.

2 Arbeiten Sie die Position des Autors bezüglich der scheinbaren Unvereinbarkeit von
• Wissenserwerb vs. Persönlichkeitsentwicklung, • Zweckfreiheit vs. Verwertbarkeit,
• Bildung vs. Erziehung
heraus und erörtern Sie, ob bzw. inwiefern es eine Position jenseits dieser Gegensätze gibt.

3 Erläutern Sie, was der Autor unter „guter Bildung" heute versteht, und nehmen Sie Stellung, inwiefern „Bildung" und „Identität" aufeinander bezogen sind.

5. Erziehungsziele und -praxis in beiden deutschen Staaten von 1949–1989

Mütze der Nationalen Volksarmee (NVA)
(Foto: Georg Bubolz, Erkelenz)

„Die Wehrerziehung in der DDR diente nur in den 1950er Jahren (auch) der Verteidigung in einem möglichen Krieg. Seit 1968 überwiegt die Nutzung der Wehrerziehung für zivile Ziele: Zur Formung der sozialistischen Persönlichkeit durch langfristige Sozialisationsprogramme. Zur Formierung der Gesellschaft nach militärischem Vorbild. Aus diesen Gründen war die Wehrerziehung staatspolitisches Ziel ersten Ranges – Gegner wurden als (potenzielle) Staatsfeinde behandelt."

Christian Sachse

5.1 Hinführung: Christa Wolf, Der geteilte Himmel – Aus einer Erzählung

Die ostdeutsche Dichterin Christa Wolf, geboren 1929 in Landsberg/Warthe, studierte in Jena und Leipzig Germanistik. Sie hat in ihrer Erzählung „Der geteilte Himmel" ein Stimmungsbild aus dem geteilten Deutschland aus sozialistischer Perspektive der DDR gezeichnet. Es geht um Rita Seidel, die nach einem Betriebsunfall in einem Krankenhauszimmer erwacht. Ihre Vergangenheit wird wieder lebendig, vor allem erinnert sie sich an Manfred Herrfurt, an dessen Seite sie ein glückliches Leben führen wollte.
Zu Beginn des Textauszuges geht es um Reisen in den Westen.

„Waren Sie schon einmal dort?", fragte Rita Erwin Schwarzenbach. „Ja", sagte der. „Vor Jahren."
„Dann wissen Sie ja, wie das ist. Vieles gefällt einem, aber man hat keine Freude daran. Man hat dauernd das Gefühl, sich selbst zu schaden. Man ist schlimmer als im Ausland, weil man die eigene Sprache hört. Man ist auf schreckliche Weise in der Fremde."
So sagte sie es auch Manfred, als er sie beim Essen fragte:
„Gefällt es dir?"
Er meinte nur das Lokal, das modern und schön war. Er nahm aber ihre Antwort hin, die sich auf viel mehr bezog. Die Antwort reizte ihn, doch er beherrschte sich.
„Natürlich", sagte er. „Du hast noch diese politische Brille. Ich weiß doch selbst: Es ist nicht leicht, sie loszuwerden. Aber in Westdeutschland ist alles anders. Nicht so hysterisch wie in diesem verrückten Berlin. Ich war zwei Wochen da. Dorthin gehen wir. Sie haben Wort gehalten. Zum Ersten habe ich meine Stellung. Alles ist perfekt."
„Ich war gerade drüben, als – Mutter starb", sagte er mit Überwindung, weil er einsah, dass man nicht umhinkonnte, davon zu sprechen. „Vaters Telegramm bekam ich erst, als sie schon beerdigt war."
Aber auch sonst wärst du nicht gekommen, nicht wahr? Sie haben einen Kranz von dir hinter dem Sarg hergetragen: Meiner lieben Mutter als letzter Gruß.
Die Schwalbe, dachte Rita. Davon weiß er nichts, und er wird's nie wissen. Wie vieles weiß er nicht. …
„Wir haben gerade eine schwere Zeit", sagte sie, scheinbar ohne Zusammenhang mit ihrem Gespräch.
„Wer: Wir?", fragte Manfred.
„Alle", sagte sie. „Der Druck nimmt zu. Besonders im Werk haben wir's gemerkt: Meternagel, Hänschen, Ermisch …" Wendlands Namen nannte sie nicht, obwohl sie einen Augenblick lang dachte: Warum eigentlich nicht? „Ich bin wieder im Werk für die Ferien."
Manfred sagte: „Als du zum ersten Mal im Werk warst, hatten sie auch gerade eine schwere Zeit. Erinnerst du dich?"
In Rita stieg Widerspruch hoch. Willst du sagen: Die schweren Zeiten reißen nicht ab? Es lohnt nicht, auf ihr Ende zu warten? [...]
„Stell dir vor", sagte sie zu Manfred (sie fühlte deutlich, dass jetzt sie es war, die über unpassende Dinge sprach). „Neulich sollten zwei aus der Brigade gehen, weil sie die Norm um zweihundert Prozent überboten hatten!"
„Ach", sagte er. Es fiel ihm schwer, wenigstens Interesse zu heucheln. [...]
„Alles wäre leicht", sagte Rita zu Schwarzenbach, „wenn sie dort als ‚Kannibalen' auf den Straßen herumliefen, oder wenn sie hungerten, oder wenn ihre Frauen rotgeweinte Augen hätten. Aber sie fühlen sich ja wohl. Sie bemitleiden uns ja. Sie denken: Das muss doch jeder auf den ersten Blick sehen, wer in diesem Land reicher und wer ärmer ist. Vor einem Jahr wäre ich mit Manfred gegangen, wohin er wollte. Heute …"
Das ist es, was Schwarzenbach wissen will.
„Heute?", fragt er gespannt.
Rita überlegt. „Der Sonntag nach meinem Besuch bei Manfred war der dreizehnte August", sagt sie, ohne direkt auf Schwarzenbachs Frage zu antworten. „Früh, als ich die ersten Nachrichten gehört hatte, ging ich ins Werk. Als ich sah, dass ich nicht die einzige war, wurde

mir bewusst, wie ungewöhnlich es war, dass so viele am Sonntag in den Betrieb kommen. Manche waren gerufen worden, andere nicht."
Schwarzenbach weiß, was sie sagen will. Es ist nicht sehr verschieden von dem, was er selbst, was sie alle an jenem Sonntag erlebt haben.
„Liebten Sie ihn nicht?", fragte Erwin Schwarzenbach. „Haben nicht viele Mädchen blindlings nur danach gefragt? Warum nicht auch Sie?"
Als ob ich es nicht versucht hätte! Wie viele Nächte habe ich wach gelegen und versuchsweise „dort" an seiner Seite gelebt, wie viele Tage hab ich mich gequält. Aber die Fremde ist mir fremd geblieben, und dies alles hier heiß und nah.
„Der Sog einer großen geschichtlichen Bewegung ...", sagt Erwin Schwarzenbach und nickt.
Rita muss lächeln. Auch er.
Aber wer sagt denn, dass sie nicht sogar damals, an Manfreds Seite, in diesem elenden Park, etwas Ähnliches empfunden hat?

(Aus: Christa Wolf, Der geteilte Himmel, dtv-großdruck, Deutscher Taschenbuch Verlag, München 1979, S. 250–253, 261–262; Lizenzausgabe mit freundlicher Genehmigung der Autorin; die Originalausgabe erschien 1963 im Mitteldeutschen Verlag, Halle/Saale)

1 Interpretieren Sie den Textauszug.
2 „Der Sog einer großen geschichtlichen Bewegung" – so stark, um eine Liebesbeziehung aufzugeben? Erörtern Sie die Problematik.
3 Die individuellen persönlichen Interessen den kollektiven staatspolitischen Zielen unterordnen? Erörtern Sie auch, inwiefern die Antwort auf diese Frage ebenfalls von pädagogischer Relevanz ist.

5.2 Erziehungsziele und Erziehungspraxis in der Bundesrepublik Deutschland (1949–1989)

5.2.1 Politische Vorgaben: Grundgesetz und Verfassung für NRW

1. Das Grundgesetz zu Fragen von Familie und Erziehung

Der Parlamentarische Rat hat am 23. Mai 1949 in Bonn am Rhein in öffentlicher Sitzung festgestellt, dass das am 8. Mai des Jahres 1949 vom Parlamentarischen Rat beschlossene Grundgesetz für die Bundesrepublik Deutschland in der Woche vom 16. bis 22. Mai 1949 durch die Volksvertretungen von mehr als zwei Dritteln der beteiligten deutschen Länder angenommen worden ist.
Auf Grund dieser Feststellung hat der Parlamentarische Rat, vertreten durch seine Präsidenten das Grundgesetz ausgefertigt und verkündet. Das Grundgesetz wird hiermit gemäß Artikel 145 Absatz 3 im Bundesgesetzblatt veröffentlicht:

DIE GRUNDRECHTE

Artikel 6
(1) Ehe und Familie stehen unter dem besonderen Schutze der staatlichen Ordnung.
(2) Pflege und Erziehung der Kinder sind das natürliche Recht der Eltern und die zuvörderst ihnen obliegende Pflicht. Über ihre Betätigung wacht die staatliche Gemeinschaft.
(3) Gegen den Willen der Erziehungsberechtigten dürfen Kinder nur auf Grund eines Gesetzes von der Familie getrennt werden, wenn die Erziehungsberechtigten versagen oder wenn die Kinder aus anderen Gründen zu verwahrlosen drohen.
(4) jede Mutter hat Anspruch auf den Schutz und die Fürsorge der Gemeinschaft.
(5) Den unehelichen Kindern sind durch die Gesetzgebung die gleichen Bedingungen für ihre leibliche und seelische Entwicklung und ihre Stellung in der Gesellschaft zu schaffen wie den ehelichen Kindern.

1 Wie sind die normativen Aussagen des Grundgesetzes legitimiert?
2 Welche Schwierigkeiten und welche Möglichkeiten können sich daraus ergeben, dass die Artikel des Grundgesetzes wie der Artikel 6 relativ allgemein in ihrer Aussage formuliert sind?

2. Aus der Verfassung für das Land Nordrhein-Westfalen

Der Landtag von Nordrhein-Westfalen hat am 6. Juni 1950 folgendes Gesetz beschlossen, das gemäß Artikel 90 am 18. Juni 1950 durch Volksentscheid von der Mehrheit der Abstimmenden bejaht worden ist:

ZWEITER TEIL Von den Grundrechten und der Ordnung des Gemeinschaftslebens

Zweiter Abschnitt – Die Familie

Artikel 5
(1) Ehe und Familie werden als die Grundlagen der menschlichen Gesellschaft anerkannt. Sie stehen unter dem besonderen Schutz des Landes. Die Mutterschaft und die kinderreiche Familie haben Anspruch auf besondere Fürsorge.
(2) Die der Familie gewidmete Hausarbeit der Frau wird der Berufsarbeit gleichgeachtet.

Artikel 6
(1) Der Jugend ist die umfassende Möglichkeit zur Berufsausbildung und Berufsausübung zu sichern. Begabte Jugendliche sind besonders zu fördern.
(2) Die Jugend ist vor Ausbeutung, Missbrauch und sittlicher Gefährdung zu schützen.
(3) Das Mitwirkungsrecht der Kirchen und Religionsgemeinschaften sowie der Verbände der freien Wohlfahrtspflege in den Angelegenheiten der Familiepflege und der Jugendfürsorge bleibt gewährleistet und ist zu fördern.

Dritter Abschnitt – Schule, Kunst und Wissenschaft, Religionen und Religionsgemeinschaften

Artikel 7
(1) Ehrfurcht vor Gott, Achtung vor der Würde des Menschen und Bereitschaft zum sozialen Handeln zu wecken, ist vornehmstes Ziel der Erziehung.
(2) Die Jugend soll erzogen werden im Geiste der Menschlichkeit, der Demokratie und der Freiheit, zur Duldsamkeit und zur Achtung vor der Überzeugung des anderen, in Liebe zu Volk und Heimat, zur Völkergemeinschaft und Friedensgesinnung.

Artikel 8
(1) jedes Kind hat Anspruch auf Erziehung und Bildung. Das natürliche Recht der Eltern, die Erziehung und Bildung ihrer Kinder zu bestimmen, bildet die Grundlage des Erziehungs- und Schulwesens. [...]

1 Erklären Sie, inwiefern die Aussagen der Landesverfassung zu Familie und Erziehung die des Grundgesetzes konkretisieren.
2 Nennen Sie die in Artikel 7 angeführten Erziehungsziele. Untersuchen Sie, ob alle genannten Ziele von den Erziehungsberechtigten in Nordrhein-Westfalen in gleicher Weise für wesentlich gehalten werden.

5.2.2 Die politischen Parteien zu Fragen der Erziehung in der Familie um 1979

CDU

Unsere Familienpolitik geht von der Ehe als einer Gemeinschaft aus, die auf Lebenszeit und Partnerschaft angelegt ist. Die Eltern tragen gemeinsam und in gleichem Maße die Verantwortung für ihre Kinder.

Die Familie ist die erste und wichtigste Erziehungsgemeinschaft für das Kind. Jedes Kind hat ein Recht auf seine Familie, auf persönliche Zuwendung, Begleitung und Liebe der Eltern. Diese Zuwendung kann den Kindern meist nur dadurch gegeben werden, dass die Mutter in den ersten Lebensjahren ihres Kindes auf die Ausübung eines Erwerbsberufes verzichtet. Wenn sich die Mutter dieser Aufgabe in der Familie voll widmet, darf sie nicht wirtschaftlich, gesellschaftlich, rechtlich oder sozial benachteiligt werden. Dies gilt in gleicher Weise für den Vater, wenn er diese Aufgabe übernimmt. Ein Erziehungsgeld und die rentensteigernde Berücksichtigung von Erziehungsjahren sind daher unabdingbar.

Die Familie gestaltet ihr Zusammenleben in eigener Verantwortung. Das Elternrecht schützt die Familie vor staatlicher Bevormundung. Zum Elternrecht gehört die Erfüllung der elterlichen Sorgepflichten. Einschränkung oder Entzug des Erziehungsrechtes sind letzte Mittel, um Gefahr und Schaden vom Kind abzuwenden.

Kinderreiche Familien, aber auch Familien mit behinderten Kindern und Familien mit nur einem Elternteil haben Anspruch auf besondere Hilfe und Förderung. Aufgabe des Staates ist es, den unterschiedlichen Lebensbedingungen durch entsprechende soziale Leistungen Rechnung zu tragen, insbesondere bei Mehrkinderfamilien. Erst diese Leistungen zusammen mit den Erwerbseinkommen ergeben ein sozial gerechtes Familieneinkommen.

Dem Bevölkerungsrückgang entgegenzuwirken, ist nicht nur eine Aufgabe des Familienlastenausgleichs, sondern vor allem die einer veränderten Einstellung zum Kind. Wir setzen uns daher für eine familien- und kinderfreundliche Haltung in unserer Gesellschaft ein.

CSU

Die Familie ist die erste und wichtigste Lebensgemeinschaft in Gesellschaft und Staat. Die Förderung der Familie, auch der Teilfamilie, ist die wirksamste Form aller Sozialpolitik, weil die Familie unersetzbare Leistungen für die Gesellschaft erbringt und für die besten Lebensbedingungen des Einzelnen die Grundlage schafft. Die Familie ist, vor allem durch ihre Erziehungsfunktion, die am stärksten prägende und für Gesellschaft und Staat wichtigste Lebensgemeinschaft. Ihre sichere Grundlage ist die Ehe. Die gesunde Familie bietet die Gewähr dafür, dass Kinder auf das Zusammenleben in der Gesellschaft vorbereitet werden und lernen, die verschiedenen Lebenssituationen durch partnerschaftliches Verständnis besser zu bewältigen. Durch die emotionale Zuwendung innerhalb der Familie wird dem Einzelnen in besonderer Weise die Entwicklung zur Persönlichkeit ermöglicht.

Die Familie hat ein Recht auf eine befriedigende Existenzsicherung. Das gilt besonders in wirtschaftlichen Krisenzeiten mit steigenden Lebenshaltungskosten und der Gefahr der Arbeitslosigkeit. Die Solidargemeinschaft, die letztlich von den gesellschaftstragenden Funktionen der Familien lebt, muss bereit sein, diese Leistungen anzuerkennen und finanziell zu unterstützen. Dies gilt besonders auch für Alleinerziehende.

Deshalb sind Kindergeld und andere familienbezogene Hilfen, die Schaffung einer familien- und kinderfreundlichen Umwelt sowie Bildungs- und Beratungsangebote für Eltern wichtige Beiträge zum Schutz der Familie. Ein neuer Stellenwert der Familie verbunden mit gezielter Familienförderung, weckt und stärkt den Willen zum Kind und dient zugleich dem Schutz des ungeborenen Lebens. Nur so kann die Familie den Fortbestand unseres Volkes sichern. [...]

F.D.P.

Grundlage des menschlichen Zusammenlebens ist die Familie, sie steht nach dem Grundgesetz unter dem besonderen Schutz des Staates. Zugleich bedarf sie des Verständnisses, der Anerkennung und der Hilfe der Gesellschaft. Darum ist die Verbesserung der Familiensituation eine der wichtigsten Aufgaben der Gesellschaft. Die Bedingungen für eine kinder- und familienfreundliche Umwelt müssen kontinuierlich weiter verbessert werden. [...]

Für die F.D.P. ist Familienpolitik Bestandteil einer umfassenden Gesellschaftspolitik. Die F.D.P. will der Familie in allen Lebensbereichen Hilfen bieten, um ihre Lebensfähigkeit und Erziehungskraft zu stärken. Kinder gehören in eine Familie. Keine noch so durchdachte Erziehungseinrichtung kann Eltern und Familienatmosphäre ersetzen. Als Familie gelten ein oder mehrere Sorgeberechtigte mit einem oder mehreren Kindern.

Liberale Familienpolitik berücksichtigt die geänderten gesellschaftlichen Bedingungen, die gewandelten Lebensverhältnisse und die sich daraus ergebenden neuen Formen familiären Zusammenlebens. Familienpolitik muss für neue Formen und Inhalte offen sein. Staatliche soziale Sicherung, Emanzipation, Selbstentfaltung und auch die herrschenden Arbeits- und Ausbildungsbedingungen lassen sich nicht immer mit einem Familienleben nach traditionellem Verständnis verbinden.

Liberale sind tolerant; Die F.D.P. wird durch ihre Haltung neuen Formen des Zusammenlebens zur gesellschaftlichen Anerkennung verhelfen: Allein erziehende Elternteile, Wohngemeinschaften als Alternativen zu Altersheimen und Helmerziehung sind Beispiele für neue, verbreitete Lebensformen.

Die Familienpolitik der F.D.P. zielt ab auf eine familien- und kinderfreundliche Umwelt. Allein mit finanziellen Leistungen für die Familie können die Probleme nicht behoben werden. Die Familie muss frei von staatlichem Einfluss und gesellschaftlicher Reglementierung ihre innere Struktur selbst bestimmen können. Leitbilder dürfen nicht festgeschrieben werden.

SPD

Die SPD bejaht die Ehe und die Familie und sieht in ihnen erstrebenswerte Formen des Zusammenlebens.

Aufgabe sozialdemokratischer Familienpolitik ist es, Solidarität gerade und zuerst dort zu verwirklichen, wo einzelne und gesellschaftliche Gruppen benachteiligt sind und gehindert werden, sich zu entfalten.

Familienpolitik kann sich nicht mit allen Aspekten der Wirklichkeit von Familien befassen. Sie muss sich wesentlich darauf konzentrieren, soziale Benachteiligung zu erkennen, um diese beseitigen zu können. Das heißt, das sich unsere Politik vor allem den Schwächsten in diesem Bereich zuwenden muss, den Kindern: Sozialdemokratische Familienpolitik ist daher vor allem eine Politik für das Kind.

Die realen Lebensbedingungen in unserer Gesellschaft erfordern gezielte politische Maßnahmen und Hilfen, die geeignet sind, die Möglichkeiten zur Selbstverwirklichung in Familien und die Erziehungsfähigkeit von Familien zu verbessern.

Sozialdemokratische Familienpolitik räumt allen Familien einen Rechtsanspruch auf Förderung und Hilfe ein, wo sie zur Erfüllung ihrer Aufgaben einer öffentlichen Leistung bedürfen. Vor allem junge, sozial benachteiligte und körperlich behinderte Eltern brauchen die Hilfe der Gesellschaft. [...]

Die Grünen

Die Mütter oder Väter, die sich aus erzieherischer Verantwortung überwiegend ihren Kindern widmen, gegebenenfalls unter Verzicht auf die Ausübung ihres Berufes, leisten eine Arbeit von größter gesellschaftlicher Bedeutung. Damit die spätere Entwicklung des Kindes ungestört verlaufen kann, sollte in den ersten Jahren möglichst kein Wechsel der Bezugspersonen stattfinden. Darum fordern wir entsprechende Angebote hauswirtschaftlicher und pädagogischer Ausbildung und ein Erziehungsgehalt. Zusätzlich fordern wir eine Lockerung der Adoptionsgesetze. [...]

(Aus: Herman Meier, Parteien und Programme. Eine vergleichende, themenbezogene Gegenüberstellung programmatischer Aussagen der Parteien in der Bundesrepublik Deutschland. Originalausgabe, Wilhelm Heyne Verlag, München 1979, S. 124–129)

1 Fassen Sie die Grundaussagen der Parteien zusammen und vergleichen Sie diese. Folgende Leitfragen können Ihnen den Vergleich erleichtern:
- Welche Bedeutung wird der Familie beigemessen?
- Wie wird die Berufstätigkeit der Frau nach der Geburt ihres Kindes beurteilt?
- Welche Sozialleistungen für die Familie sind vorgesehen?
- Welche Maßnahmen sollen zur Förderung der Familie ergriffen werden?

(Hinweis: Nicht bei jeder Position kann man eine Antwort auf alle Fragen erwarten.)

2 Beurteilen Sie die Grundaussagen.

5.2.3 Entwicklungslinien: Erziehung und Bildung in der BRD

Der folgende Textauszug stammt aus einem zeitgenössischen Taschenlexikon der Pädagogik.

Das Bildungswesen der BRD (1945–1990): Die drei westlichen Alliierten Amerika, Frankreich und Großbritannien forderten für ihre Besatzungsbereiche 1945 zwar eine Demokratisierung des deutschen Bildungswesens nach ihren Schulsystemvorstellungen, akzeptierten aber vor dem Hintergrund der politischen Ost-West-Auseinandersetzung, dass das traditionelle und sozial selektive dreigliedrige Schulsystem mit Volksschule, Mittelschule und höherer Schule (Gymnasium) wiederhergestellt wurde. Vor dem Hintergrund der überkommenen föderalen Strukturen des Kaiserreichs und der Weimarer Republik wurde nach der Verabschiedung des Grundgesetzes (GG) im Mai 1949 die Bundesrepublik Deutschland als demokratischer Bundesstaat mit den späteren zehn (alten) Ländern und Westberlin gegründet. Zu den föderativen Prinzipien der rechtsstaatlichen Verfassungsordnung des Grundgesetzes gehört seitdem die Kulturhoheit der Länder. Diese spricht den einzelnen Ländern aufgrund ihrer Eigenstaatlichkeit einerseits die überwiegende Zuständigkeit für Bildung, Wissenschaft und Kultur zu, verbindet sie aber andererseits mit der Mitverantwortung für das Staatsganze der Bundesrepublik. Letztere kommt vor allem in den Koordinationsaufgaben der bereits 1949 gegründeten Ständigen Konferenz der Kultusminister der Länder (KMK) zum Ausdruck.
Der Vereinheitlichung im allgemein bildenden Schulsystem diente das Düsseldorfer Abkommen von 1955 und seine Neufassung im Hamburger Abkommen von 1964 in der Fassung von 1971 mit den vereinheitlichten Schulartbezeichnungen Grundschule, Hauptschule, Realschule, Gymnasium und Sonderschule. Legitimiert wurde die aus dem Kaiserreich hervorgegangene Gliederung bis in die 60er Jahre mit den sozialen Schicht- und Qualifikationsprofilen, die den drei praktischen, praktisch-theoretischen und theoretischen Typen der Begabung entsprächen.
Vor dem Hintergrund der weltpolitischen Lage und den Ergebnissen international vergleichender Untersuchungen zur Bildungsbeteiligung durch den Besuch einer Realschule oder eines Gymnasiums erwies sich das von sozialer Ungleichheit geprägte Bildungswesen der Bundesrepublik als reformbedürftig. Die Anteile der Schüler waren 1954 wie folgt verteilt: Volksschuloberstufe 71,5%, Mittelschule 10,9%, Gymnasium 15,4%, Sonderschule 2,2%, Privatschulen etwa 3%. Die Rede von der drohenden „Bildungskatastrophe" (G. Picht 1964) führte zur Forderung nach Verbesserung der Chancengleichheit. Die >Bedarfsfeststellung, 1961–1970< der Kultusministerkonferenz (KMK) bot die Grundlage für Reformen im Schul- und Hochschulwesen. Anregungen hierzu gingen vom Bremer Plan (1960), vom Deutschen Ausschuss für das Erziehungs- und Bildungswesen (1953–1965) und vom Deutschen Bildungsrat (1965–1975) aus, der 1970 hierzu seinen >Strukturplan für das Bildungswesen< vorlegte. Die im Strukturplan vorgesehene horizontale Gliederung des Bildungssystems führte zur bildungspolitisch kontrovers geführten Diskussion über die Neugestaltung der Übergänge zwischen Elementar- und Primarbereich (Kindergarten/Vorklasse bzw. Eingangsstufe des Primarbereichs) und Primar- und Sekundarbereich (schulformabhängige oder schulformunabhängige Orientierungsstufe) sowie über die Einführung von Gesamtschu-

len. Während die CDU/CSU am dreigliedrigen Schulsystem festhielt, befürwortete die SPD die Gesamtschule als gemeinsame Jugendschule der Zukunft.
Im Jahr 1970 wurde die erste staatliche von Bund und Ländern gemeinsam getragene Bund-Länder-Kommission für Bildungsplanung (BLK) gegründet, die 1973 ihren Bildungsgesamtplan für das Bildungswesen in der Bundesrepublik verabschiedete. Das Abkommen und der Name der Kommission wurden 1975 um die Forschungsförderung erweitert. Wegen nicht vorhandener bildungspolitischer Übereinstimmung der Länder (z. B. zum Sekundarbereich I und zur Lehrerbildung) und wegen fehlender Mittel der Länder wurde der Bildungsgesamtplan über 1982 hinaus nicht fortgeschrieben. Als Beratungsinstitution für den Hochschulbereich wurde 1957 durch ein Abkommen zwischen Bund und Ländern der Wissenschaftsrat gegründet, der Empfehlungen zur Entwicklung im Hochschulwesen herausgibt. Eine ähnliche Funktion hat die 1949 gegründete Hochschulrektorenkonferenz (HRK).
Zu den weitreichenden Beschlüssen der Kultusministerkonferenz gehören die >Vereinbarung zur Vergabe von Studienplätzen< (1972, heute i.d.F. vom 5.3.1999), die >Anerkennung von Gesamtschulabschlüssen< (1982), die >Vereinbarung zur Gestaltung der gymnasialen Oberstufe< (vom 7.7.1972 i.d.F. vom 22.10.1999), die >Vereinbarung über die Abiturprüfung der gymnasialen Oberstufe< (vom 13.12.1973 i.d.F. vom 28.2.1997) und die Ausarbeitung einheitlicher Prüfungsanforderungen für das Abitur (1989). Als Ergebnis der Bildungsreformdiskussion zwischen 1965 und 1975 und der nachfolgenden Entwicklung kann die Steigerung der Bildungsexpansion in der Bundesrepublik gewertet werden. Nach den >Grund- und Strukturdaten< (1992/93) des Bundesministeriums für Bildung und Forschung hat sich der Anteil der Abschlüsse bei den Schulabgängern in Prozent der gleichaltrigen Bevölkerung zwischen 1965 und 1990 wie folgt entwickelt:

ohne Hauptschulabschluss	1965 16,8%	1990 8,6%
mit Hauptschulabschluss	1965 52,9%	1990 32,0%
Realschulabschluss	1965 11,9%	1990 36,3%
Allgem. Hochschulreife	1965 7,5%	1990 24,4%
Fachhochschulreife	1970 0,5%	1990 9,1%

Diese Entwicklung war im Zusammenhang von Bildungssystem und Beschäftigungssystem von großer wirtschaftlicher Bedeutung.
Das Grundgesetz (Art. 7 Abs. 4 GG) gestattet die Einrichtung von Privatschulen in freier Trägerschaft.
Im Jahr 1990 gingen 6,1% aller Schüler in allgemein bildende und 7,2% in berufsbildende Privatschulen.

(Aus: Horst Schaub & Karl G. Zenke, Wörterbuch Pädagogik, Deutscher Taschenbuch Verlag, 4. Auflage, München 2000; in: http://www.bildung-weltweit.de/pdf/kurzdarstellung_deutschland.pdf - 1.12.2014)

1 Fassen Sie die Informationen zusammen.
2 Erörtern Sie Vorzüge und Nachteile des gegliederten Schulsystems der BRD.

5.3 Erziehungsziele und Erziehungspraxis in der DDR

5.3.1 Politische Vorgaben: Das Familiengesetzbuch der Deutschen Demokratischen Republik – ein Beispiel

Die Volkskammer der DDR hat im Familiengesetzbuch vom 20.12.1965 Normen und Ziele von Familienerziehung festgelegt. Die Gesetzestexte beanspruchen für Eltern und Kinder normative Verbindlichkeit.

Die Familie ist die kleinste Zelle der Gesellschaft. Sie beruht auf der für das Leben geschlossenen Ehe und auf den besonders engen Bindungen, die sich aus den Gefühlsbeziehungen zwischen Mann und Frau und den Beziehungen gegenseitiger Liebe, Achtung und gegenseitigen Vertrauens zwischen allen Familienmitgliedern ergeben.
Die gesellschaftlichen Verhältnisse in der Deutschen Demokratischen Republik sind die feste Grundlage für die sozial gesicherte Existenz der Familie. Mit dem Aufbau des Sozialismus entstanden gesellschaftliche Bedingungen, die dazu führen, die Familienbeziehungen von den Entstellungen und Verzerrungen zu befreien, die durch die Ausbeutung des Menschen, die gesellschaftliche und rechtliche Herabsetzung der Frau, durch materielle Unsicherheit und andere Erscheinungen der bürgerlichen Gesellschaft bedingt waren.
Mit der sozialistischen Entwicklung in der Deutschen Demokratischen Republik entstehen Familienbeziehungen neuer Art. Die von Ausbeutung freie schöpferische Arbeit, die auf ihr beruhenden kameradschaftlichen Beziehungen der Menschen, die gleichberechtigte Stellung der Frau auf allen Gebieten des Lebens und die Bildungsmöglichkeiten für alle Bürger sind wichtige Voraussetzungen, die Familie zu festigen und sie dauerhaft und glücklich zu gestalten. Harmonische Beziehungen in Ehe und Familie haben einen großen Einfluss auf die Charakterbildung der heranwachsenden Generation und auf das persönliche Glück und die Lebens- und Arbeitsfreude des Menschen.
In der Deutschen Demokratischen Republik hat die Familie große gesellschaftliche Bedeutung. Sie entwickelt sich zu einer Gemeinschaft, in der die Fähigkeiten und Eigenschaften Unterstützung und Förderung finden, die das Verhalten des Menschen als Persönlichkeit in der sozialistischen Gesellschaft bestimmen.
Es ist die Aufgabe des Familiengesetzbuches, die Entwicklung der Familienbeziehungen in der sozialistischen Gesellschaft zu fördern. Das Familiengesetzbuch soll allen Bürgern, besonders auch den jungen Menschen, helfen, ihr Familienleben bewusst zu gestalten. Es dient dem Schutz der Ehe und Familie und dem Rechte jedes einzelnen Mitgliedes der Familiengemeinschaft. Es soll Familienkonflikten vorbeugen und auftretende Konflikte überwinden helfen. Es regelt in diesem Zusammenhang Pflichten und Aufgaben der staatlichen Organe und Institutionen.
Das Familiengesetzbuch lenkt die Aufmerksamkeit der Bürger, der sozialistischen Kollektive und der gesellschaftlichen Organisationen auf die große persönliche und gesellschaftliche Bedeutung von Ehe und Familie und auf die Aufgaben jedes einzelnen und der gesamten Gesellschaft, zum Schutz und zur Entwicklung jeder Familie beizutragen.

Erster Teil

Grundsätze
§ 1
(1) Der sozialistische Staat schützt und fördert Ehe und Familie. Staat und Gesellschaft nehmen durch vielfältige Maßnahmen darauf Einfluss, dass die mit der Geburt, Erziehung und Betreuung der Kinder in der Familie verbundenen Leistungen anerkannt und gewürdigt werden. Staat und Gesellschaft tragen zur Festigung der Beziehungen zwischen Mann und Frau und zwischen Eltern und Kindern sowie zur Entwicklung der Familie bei. Die Bürger haben ein Recht auf staatlichen Schutz ihrer Ehe und Familie, auf Achtung der ehelichen und familiären Bindungen.

(2) Die sozialistische Gesellschaft erwartet von allen Bürgern ein verantwortungsvolles Verhalten zur Ehe und Familie.

§ 2

Die Gleichberechtigung von Mann und Frau bestimmt entscheidend den Charakter der Familie in der sozialistischen Gesellschaft. Sie verpflichtet die Ehegatten, ihre Beziehungen zueinander so zu gestalten, dass beide das Recht auf Entfaltung ihrer Fähigkeiten zum eigenen und gesellschaftlichen Nutzen voll wahrnehmen können. Sie erfordert zugleich, die Persönlichkeit des anderen zu respektieren und ihn bei der Entwicklung seiner Fähigkeiten zu unterstützen.

§ 3

(1) Die Bürger gestalten ihre familiären Bindungen so, dass sie die Entwicklung aller Familienmitglieder fördern. Es ist die vornehmste Aufgabe der Eltern, ihre Kinder in vertrauensvollem Zusammenwirken mit staatlichen und gesellschaftlichen Einrichtungen zu gesunden und lebensfrohen, tüchtigen und allseitig gebildeten Menschen, zu aktiven Erbauern des Sozialismus zu erziehen.
(2) Die Erziehung der Kinder ist zugleich Aufgabe und Anliegen der gesamten Gesellschaft. Deshalb gewährleistet der sozialistische Staat durch seine Einrichtungen und Maßnahmen, dass die Eltern ihre Rechte und Pflichten bei der Erziehung ihrer Kinder ausüben können. Besondere Aufmerksamkeit gilt der Hilfe für kinderreiche Familien und für alleinstehende Mütter und Väter.

§ 4

(1) Die staatlichen Organe, insbesondere die Organe der Volksbildung, der Jugendhilfe und des Gesundheits- und Sozialwesens, und die Organe der Rechtspflege sind verpflichtet, in geeigneter Weise die Ehegatten bei der Entwicklung ihrer Familienbeziehungen zu unterstützen und den Eltern bei der Erziehung der Kinder zu helfen. Dabei sollen die gesellschaftlichen Organisationen, Arbeitskollektive und Elternbeiräte entsprechend ihren Möglichkeiten mitwirken.
(2) Durch die staatlichen Organe sind in Zusammenarbeit mit den gesellschaftlichen Organisationen Ehe- und Familienberatungsstellen einzurichten, in denen lebenserfahrene, sachkundige Bürger denen Rat und Hilfe gewähren, die vor einer Eheschließung stehen oder sich sonst in Familienangelegenheiten an sie wenden. Die Mitarbeiter der Ehe- und Familienberatungsstellen sind zur vertraulichen Behandlung der ihnen vorgetragenen Anliegen verpflichtet.

Zweiter Teil

Die Ehe

Erstes Kapitel
Eheschließung und Familiengemeinschaft
Erster Abschnitt
Die Eheschließung

§ 5
Grundsatz
(1) Mit der Eheschließung begründen Mann und Frau eine für das Leben geschlossene Gemeinschaft, die auf gegenseitiger Liebe, Achtung und Treue, auf Verständnis und Vertrauen und uneigennütziger Hilfe füreinander beruht.
(2) Aus der Ehe soll eine Familie erwachsen, die ihre Erfüllung in gemeinsamen Zusammenleben, in der Erziehung der Kinder und in der gemeinsamen Entwicklung der Eltern und Kinder zu charakterfesten, allseitig gebildeten Persönlichkeiten findet.
(3) Vor der Eheschließung sollen die Partner ernsthaft prüfen, ob von ihren Charaktereigenschafen, Auffassungen und Interessen sowie ihren gesamten Lebensumständen her die Voraussetzungen gegeben sind, einen Bund fürs Leben zu schließen und eine Familie zu gründen. Der Wille zu dieser Prüfung kann durch ein Verlöbnis zum Ausdruck gebracht werden.
(4) Die Eheschließung ist zulässig, wenn Mann und Frau das 18. Lebensjahr vollendet haben.

Zweiter Abschnitt
Die eheliche Gemeinschaft

Grundsätze

§ 9

(1) Die Ehegatten sind gleichberechtigt. Sie leben zusammen und führen einen gemeinsamen Haushalt. Alle Angelegenheiten des gemeinsamen Lebens und der Entwicklung des einzelnen werden von ihnen in beiderseitigem Einverständnis geregelt.

(2) Die eheliche Gemeinschaft erfährt ihre volle Entfaltung und findet ihre Erfüllung durch die Geburt und die Erziehung der Kinder. Die Eltern üben das Erziehungsrecht gemeinsam aus.

§ 10

(1) Beide Ehegatten tragen ihren Anteil bei der Erziehung und Pflege der Kinder und der Führung des Haushalts. Die Beziehungen der Ehegatten zueinander sind so zu gestalten, dass die Frau ihre berufliche und gesellschaftliche Tätigkeit mit der Mutterschaft vereinbaren kann.

(2) Ergreift der bisher nichtberufstätige Ehegatte einen Beruf oder entschließt sich ein Ehegatte, sich weiterzubilden oder gesellschaftliche Arbeit zu leisten, unterstützt der andere in kameradschaftlicher Rücksichtnahme und Hilfe das Vorhaben seines Ehegatten. [...]

Dritter Teil

Eltern und Kinder

Erstes Kapitel

Die elterliche Erziehung

Grundsätze

§ 42

(1) Die Erziehung der Kinder ist eine bedeutende staatsbürgerliche Aufgabe der Eltern, die dafür staatliche und gesellschaftliche Anerkennung und Würdigung finden.

(2) Das Ziel der Erziehung der Kinder ist, sie zu geistig und moralisch hochstehenden und körperlich gesunden Persönlichkeiten heranzubilden, die die gesellschaftliche Entwicklung bewusst mitgestalten. Durch verantwortungsbewusste Erfüllung ihrer Erziehungspflichten, durch eigenes Vorbild und durch übereinstimmende Haltung gegenüber den Kindern erziehen die Eltern ihre Kinder zur sozialistischen Einstellung zum Lernen und zur Arbeit, zur Achtung vor den arbeitenden Menschen, zur Einhaltung der Regeln des sozialistischen Zusammenlebens, zur Solidarität, zum sozialistischen Patriotismus und Internationalismus.

(3) Die Erziehung der Kinder ist untrennbar mit der Herausbildung solcher Eigenschaften und Verhaltensweisen wie Bescheidenheit, Ehrlichkeit, Hilfsbereitschaft und der Achtung vor dem Alter verbunden. Die Erziehung der Kinder umfasst auch ihre Vorbereitung zu einem späteren verantwortungsbewussten Verhalten zur Ehe und Familie.

(4) Die Eltern sollen bei der Erfüllung ihrer Erziehungsaufgaben und zur Gewährleistung einer einheitlichen Erziehung eng und vertrauensvoll mit der Schule, anderen Erziehungs- und Ausbildungseinrichtungen, mit der Pionierorganisation „Ernst Thälmann" und der Freien Deutschen Jugend zusammenarbeiten und diese unterstützen.

§ 43

Zu den Rechten und Pflichten der Eltern gehören auch die Befriedigung der Bedürfnisse des Kindes, seine Betreuung, seine Beaufsichtigung, seine rechtliche Vertretung, das Recht, seinen Aufenthalt zu bestimmen, die Pflicht, für seinen Unterhalt zu sorgen und erforderlichenfalls Vermögensangelegenheiten des Kindes in seinem Interesse zu regeln. Die Eltern können Rechte des Kindes im eigenen Namen geltend machen.

§ 44

Die staatlichen Organe, insbesondere die Organe der Volksbildung, des Gesundheits- und Sozialwesens, sowie die gesellschaftlichen Organisationen, die Arbeitskollektive, die Elternbeiräte und Hausgemeinschaften haben die Aufgabe, die Eltern bei der Erziehung der Kinder zu unterstützen.

(Aus: Familiengesetzbuch der Deutschen Demokratischen Republik, Seminarmaterial des Gesamtdeutschen Instituts – Bundesanstalt für gesamtdeutsche Aufgaben – Adenauerallee 10, 5300 Bonn 1 (Faksimiledruck aus dem Gesetzblatt der DDR, Berlin, den 3. Januar 1966, S. 2, 3, 8, 9)

1 Beschreiben Sie, was Ihnen an dem Gesetzestext besonders auffällt, und erörtern Sie mögliche Gründe dafür.
2 Nennen und charakterisieren Sie Normen und Ziele von sozialistischer Erziehung nach dem Familiengesetzbuch der DDR.
3 Arbeiten Sie beim Systemvergleich von Ost und West Unterschiede und Gemeinsamkeiten im Hinblick auf Normen und Erziehungsziele für die Familie heraus. – Bedenken Sie dabei, dass eine verbale Übereinstimmung nicht immer Einigkeit in der gemeinten Sache zu bedeuten braucht.

5.3.2 Statt Parteienpluralität: Vorrang der Sozialistischen Einheitspartei Deutschlands (SED)

Aus einer Internetinformation zur geschichtlichen Bildung:

1. Schule in der DDR – Die Erziehung zur sozialistischen Persönlichkeit
Das Schulsystem in der DDR
Am 25. Februar 1965 verabschiedete die DDR-Volkskammer das „Gesetz über das einheitliche sozialistische Bildungssystem". Dieses Gesetz war Grundlage für das Schulsystem in der DDR bis zum Ende des ostdeutschen Staates. Bildung und Erziehung wurden in der DDR seitdem als grundsätzliche Einheit verstanden, deren Ziel das Gesetz wie folgt beschreibt:
§ 5 (2) Die Schüler, Lehrlinge und Studenten sind zur Liebe zur Deutschen Demokratischen Republik und zum Stolz auf die Errungenschaften des Sozialismus zu erziehen, um bereit zu sein, alle Kräfte der Gesellschaft zur Verfügung zu stellen, den sozialistischen Staat zu stärken und zu verteidigen. Sie sollen die Lehren aus der deutschen Geschichte, besonders der Geschichte der deutschen Arbeiterbewegung, begreifen. Sie sind im Geiste des Friedens und der Völkerfreundschaft, des sozialistischen Patriotismus und Internationalismus zu erziehen. Allgemeine Merkmale des DDR-Bildungssystems waren:
1. Einheitlichkeit – Alle Schüler der DDR besuchen dieselbe Schulform und bekommen dieselben Inhalte vermittelt.
2. Staatlichkeit & Weltlichkeit – Die Alleinverantwortung für Schulen liegt beim Staat, nichtstaatliche Schulen sind verboten, Schule und Kirche werden streng getrennt.
3. Unentgeltlichkeit – Schule ist für jeden kostenlos zugänglich.
4. Parteilichkeit – Die Erziehung erfolgt im Sinne der Lehren von Marx, Engels und Lenin, mit dem Ziel der Parteinahme für den Sozialismus.
5. Wissenschaftlichkeit – Grundlage von Bildung und Erziehung ist die marxistisch-leninistische Weltanschauung, die die Voraussetzung für die Gestaltung der sozialistischen Gesellschaft ist.
6. Polytechnisches Prinzip – Verbindung von Unterricht und Praxis (z. B. in Fächern wie „Praktische Arbeit" und „Einführung in die sozialistische Produktion").

Schule in der DDR unterteilte sich ab 1965 in die Bereiche Polytechnische Oberschule (POS, Klassen 1–10) und die Erweiterte Oberschule (EOS, Klassen 11–12), die zum Abitur führte.

Unterteilung Schule in der DDR

(Unterstufe)			(Mittelstufe)			(Oberstufe)					
Polytechnische Oberschule										**EOS**	
1	2	3	4	5	6	7	8	9	10	11	12

Das DDR-Schulsystem war geprägt durch eine sehr straffe, zentralistisch staatliche Organisation. Die Einflussnahme des Staates reichte von der Gesetzgebung über Lehrpläne, die Herstellung aller Unterrichtsmittel inklusive Schulbücher bis hin zu den Kontrollgremien auf Bezirks- und Kreisebene.
Insbesondere in den Schulen selbst sollte streng darauf geachtet werden, dass die ideologischen Vorgaben der Partei- und Staatsführung umgesetzt werden: „Der Direktor ist verpflichtet, seine Leitungstätigkeit auf Grundlage der Beschlüsse der SED durchzuführen" heißt es beispielsweise in der „Verordnung über die Sicherung einer festen Ordnung an den allge-

meinbildenden polytechnischen Oberschulen – Schulordnung“ von 1979.

Gut erkennbar sind die direkten Einflussmöglichkeiten der SED durch die entsprechende Organisationsstruktur des DDR-Schulwesens in der folgenden Abbildung:
Ihr Machtmonopol im Schulwesen sicherte sich die SED durch:

- die für alle Lehrpläne verbindliche Ideologie des Marxismus-Leninismus
- die zentralistische Lenkung des Schulwesens unter Führung der SED
- Besetzung aller Schlüsselpositionen, v.a. der Direktoren durch die SED
- die Vernetzung von Schule mit Kinder- und Jugendorganisationen
- die ständige Überwachung von „Abweichungen“ vom offiziellen Lehrplan

Die Erziehung zur „Sozialistischen Persönlichkeit“
Auch in der DDR gehörte die Vermittlung von Wissen zur allerersten Aufgabe des Schulwesens. Die propagierte Einheit von Bildung und Erziehung war nicht nur ideologisch angelegt, sondern sicherte gleichzeitig ein sehr hohes fachliches und pädagogisches Niveau an den Schulen. Dennoch: die Schule hatte von der Staats- und Parteiführung der DDR die Aufgabe bekommen, junge Menschen auch ideologisch zu erziehen: und zwar im Sinne des Sozialismus.

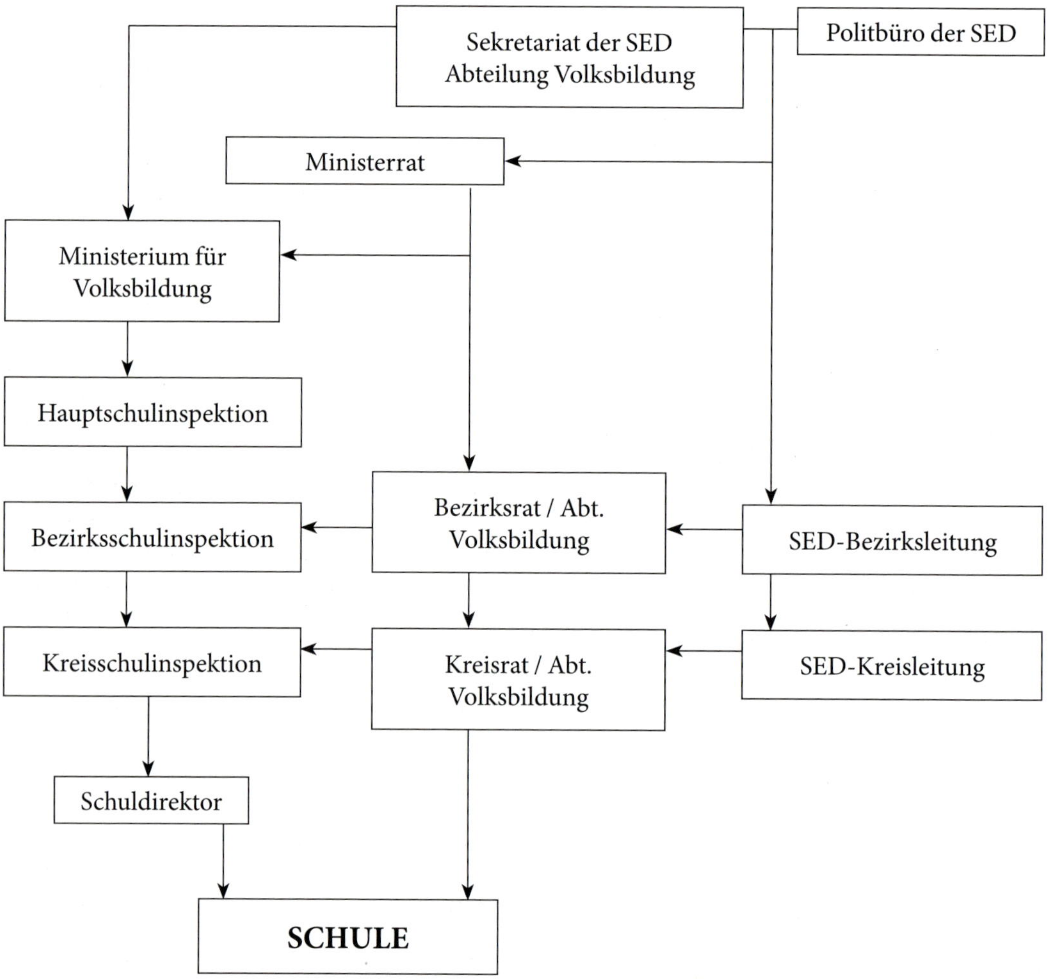

Erich Honecker beschreibt noch 1985 ganz offen die politische Funktion von Schule in der DDR:

„Nur haben wir uns im Gegensatz zur Bourgeoisie, die die ideologische Funktion ihrer Schule leugnet, stets offen zur politischen Zielstellung unserer Schule bekannt. […] Unsere Schule hat die Aufgabe, den jungen Menschen unsere Ideologie, die wissenschaftlich begründete Ideologie der Arbeiterklasse zu vermitteln […] Die Bildung und Erziehung in unserer Schule ist voll und ganz an unserer Ideologie orientiert."

Schule in der DDR sollte ihre Schüler zu „sozialistischen Persönlichkeiten" erziehen. Die SED beschreibt diese Zielstellung 1976 in ihrem Programm so:

„Das Bildungswesen hat die Aufgabe, junge Menschen zu erziehen und auszubilden, die, mit solidem Wissen und Können ausgerüstet, zu schöpferischem Denken und selbständigem Handeln befähigt sind, deren marxistisch-leninistisch fundiertes Weltbild die persönlichen Überzeugungen und Verhaltensweisen durchdringt, die als Patrioten ihres sozialistischen Vaterlandes und proletarische Internationalisten fühlen, denken und handeln."

Diese Zielsetzung fand ihre Entsprechung in den offiziellen Lehrplänen der Schulen in der DDR. In fast allen Fächern war der ständige Bezug zum Marxismus-Leninismus vorgegeben. Insbesondere die Vermittlung von Stoffeinheiten zu Gesellschaft, Kunst, Literatur und Geschichte wurde deutlich in das Modell des historischen und dialektischen Materialismus gezwängt: dem ständigen Gegensatz von Klassen, der sich durch revolutionäre Veränderungen qualitativ ständig verändert und schließlich zum Sozialismus/Kommunismus führt.

In den Schulen der DDR gab es kein Unterrichtsfach „Marxismus/Leninismus" (wohl aber an den Hochschulen und Universitäten). Die Idee des Sozialismus wurde in vielen Fächern eingeflochten und dies oftmals sehr praktisch und so, dass die Politik der Partei- und Staatsführung und der Organisationen der DDR immer als richtig und wichtig dargestellt wurde. […]

Die „sozialistische Erziehung" erfolgte in den ersten Schuljahren noch indirekt oder subtil über die Fächer Deutsch und Heimatkunde. Je höher die Klassenstufe, desto direkter wurden die ideologischen Bezüge. Der Geschichtsunterricht ab Klasse 5 wurde zwar nicht als reines ideologisches Fach betrachtet, hatte aber eine sehr genaue Zielrichtung, wie der Lehrplan selbst beschreibt:

„Im Geschichtsunterricht […] wird ein konkretes, wissenschaftliches und parteiliches Geschichtsbild vermittelt. […] Der Geschichtsunterricht beruht auf den Positionen der marxistisch-leninistischen Geschichtsbetrachtung. […] Geschichtsunterricht hat einen entscheidenden Anteil an der Herausbildung des sozialistischen Geschichtsbewusstseins der Schüler. Er fundiert so den Klassenstandpunkt, vertieft ihre Liebe zum sozialistischen Vaterland, erzieht zum sozialistischen Patriotismus […], festigt ihre antiimperialistische Grundhaltung […] Er leistet einen spezifischen Beitrag zu ihrer politisch-ideologischen Erziehung."
(zitiert nach Lars Kopke)

Mit Klasse 7 wird der „Staatsbürgerkundeunterricht" an den Schulen eingeführt, ein eigenes gesellschaftspolitisches Fach, das sich ausschließlich der Vermittlung von sozialistischen Werten, Theorien und Historie beschäftigt. Interessanterweise kommen ebenfalls ab Klasse 7 die Fächer „Technisches Zeichnen", „Produktive Arbeit" und „Einführung in die sozialistische Produktion" zum Einsatz. Hier sollte der polytechnische Gedanke des Schulwesens – die Verbindung von Schule und Praxis – umgesetzt werden und die Schüler erhielten Gelegenheit, in Betrieben selbst 2–3 Wochenstunden unter Anleitung unentgeltlich zu arbeiten. Außerdem bekamen sie theoretische Einführungen in die sozialistische Ökonomie. Insbesondere diese Fächer standen für viele Schüler im vollkommenen Gegensatz zu den Inhalten des Staatsbürgerkundeunterrichtes – gaben sie doch Einblick in die wirtschaftliche Praxis des Sozialismus und wie weit diese von der Theorie entfernt war. In den Klassen 9 und 10 wurde schließlich auch der Wehrkundeunterricht eingeführt […].

Selbstverständlich lag die Umsetzung der offiziellen Lehrpläne immer in den Händen von Individuen – viele Lehrer in der DDR fanden durchaus Wege, ihren Schülern Wissen auf sachliche und anspruchsvolle Art und Weise zu vermitteln.

Grundsätzlich dem Auftrag zur Erziehung der „sozialistischen Persönlichkeit“ entziehen konnte sich jedoch niemand. Nicht wenige Lehrer wurden wegen Kritik und „nonkonformer“ Lehrweise abgestraft, versetzt, bespitzelt oder sogar inhaftiert.

Die Festlegung der „Einheit von Bildung und Erziehung“ im DDR Schulwesen hatte zur Folge, dass Ideologisierung an den Schulen nicht nur über Inhalte erfolgte. Von den Schülerinnen und Schülern in der DDR wurde ein bestimmtes Verhalten erwartet und sogar im Jugendgesetz geregelt:

„Die jungen Menschen sollen sich durch Eigenschaften wie Verantwortungsgefühl für sich und andere, Kollektivbewusstsein und Hilfsbereitschaft, Beharrlichkeit und Zielstrebigkeit, Ehrlichkeit und Bescheidenheit, Mut und Standhaftigkeit, Ausdauer und Disziplin, Achtung vor den Älteren, ihren Leistungen und Verdiensten sowie verantwortungsbewusstes Verhalten zum anderen Geschlecht auszeichnen. Sie sollen sich gesund und leistungsfähig halten.“

Konformes Verhalten in der Schule war in der DDR ein MUSS. Abweichungen – egal ob durch westliche Kleidung, westliche Zeitschriften, Kritik an Staat und Partei, religiöse Bekenntnisse, Ablehnung bestimmter Unterrichtsinhalte oder -formen – wurden streng beobachtet. Zunächst durch den eigenen Klassenverband, dann durch die Schulleitung und schließlich durch die vorhandenen Strukturen der SED, der Jugendorganisationen bzw. des Bildungswesens. Nicht-konformes Verhalten wurde mit subtilen Methoden massiv zu unterbinden gesucht. Dies passierte mit Mitteln von „freundschaftlichen Diskussionen“ über zunehmende Ausgrenzung bis hin zu Bespitzelung oder gar Verhaftung von Schülern.

(Aus: http://www.deinegeschichte.de/fileadmin/user_upload/myhistory/download_files/ZET_Buch_01_Schule.pdf - 1.12.2014)

1 Geben Sie die Aussagen des Textes und erläutern Sie diese.
2 Beschreiben Sie die Möglichkeiten der Einflussnahme auf erzieherisches Handeln durch die SED.
3 Vergleichen Sie die unterschiedlichen Ansätze beim Verständnis von Schule in Ost und West.

2. Die außerschulischen Organisationen in der DDR

Kinder und Jugendorganisationen in der DDR hatten die Aufgabe, „dass kommunistische Überzeugungen und Verhaltensweisen entwickelt werden.“ (Programm SED 1976). Im Programm der SED 1976 wurden FDJ und Pionierorganisation als „engster Verbündeter der sozialistischen Schule bei der Verwirklichung des gemeinsamen Erziehungsziels“ bezeichnet.

In der Pionierorganisation „Ernst Thälmann“ (Klasse 1–7) waren 90% der Schüler der DDR organisiert. In der nachfolgenden Jugendorganisation „Freie Deutsche Jugend“ (FDJ) waren um die 70% der Schüler organisiert (Klasse 8–10 bzw. 12). Eine Mitgliedschaft war für jeden Schüler ein sogenannter „freiwilliger Zwang“, wie es im Volksmund der DDR hieß. Schüler, die sich beiden Organisationen entzogen, wie z. B. Kinder aus kirchlichen Elternhäusern, mussten mit massiven Benachteiligungen rechnen. Dies begann mit Isolation in den Klassen bis hin zur Nichtzulassung zu Abitur und/oder Studium trotz nachweislich sehr guter Leistungen.

Die SED sah Schule und Pionierorganisation/FDJ als eine Einheit an und somit waren die Kinder- und Jugendorganisationen der DDR ein weiterer wichtiger Bestandteil im Schulwesen auf dem Weg der Erziehung der Kinder zur „sozialistischen Persönlichkeit“. Gleichzeitig hatten Pionierorganisation und FDJ ein Monopol in ihrem Bereich – andere, unabhängige Jugendorganisationen gab es in der DDR nicht. Beide Organisationen bestimmten große Teile der Jugendpolitik in der DDR: Jugendpresse, Jugendhörfunk, Jugendliteratur, Kulturleben, Freizeit und Feriengestaltung wurden von

Pionierorganisation und FDJ führend organisiert. Schlüsselpositionen waren immer mit SED-treuem Personal besetzt, das Bekenntnis zur SED und zum Marxismus-Leninismus war Pflicht.

Wie stark beide Organisationen dem offiziellen staatlichen Bildungsziel unterworfen waren, beschreiben die Statuten der Pioniere und der FDJ:

„Unsere Pionierorganisation erzieht in enger Zusammenarbeit mit der sozialistischen Schule die Pioniere und Schüler zu klassenbewussten Sozialisten. […] Wir wollen und wirken aktiv mit, dass alle Jungen Pioniere und Schüler zu aufrechten sozialistischen Patrioten und proletarischen Internationalisten heranwachsen. […] Wir hassen den Imperialismus." (Statut der Pionierorganisation)

„Die Freie Deutsche Jugend arbeitet unter der Führung der SED und betrachtet sich als deren Helfer und Kampfreserve. Grundlage für ihre gesamte Tätigkeit sind das Programm und die Beschlüsse der SED. […] Die FDJ tritt immer und überall für die Politik der SED ein und hilft mit ganzer Kraft, ihre Beschlüsse zu verwirklichen." (Statut der FDJ)

Die Aktivitäten der DDR-Jugendorganisationen sind zum Teil außerschulisch angelegt, zum Teil innerschulisch, der Übergang war absolut fließend. Nicht alle Aktivitäten waren dabei direkt politisch-ideologisch ausgerichtet, die Bandbreite reichte von politikfrei, über subtile bis hin zu direkter Indoktrination.
So bot beispielsweise die Pionierorganisation eine ganze Reihe von eher unpolitischen und auf die Freizeitbedürfnisse der Kinder zuge-

Umzug von Pionieren mit einem Plakat von Ernst Thälmann zum 20. Jahrestag der Deutschen Demokratischen Republik in Berlin
(Foto: Imago)

schnittenen Freizeitaktivitäten an: Dazu gehörten „Pioniernachmittage" mit Basteln, Lernpatenschaften (Hilfe stärkerer für schwächere Schüler), Lernkonferenzen, Gestaltung von Schulhöfen, Parks und Spielplätzen, Wanderungen, Spiele oder Theater.
Pionierhäuser (mit Möglichkeiten für Theater, Fernsehräume, Spielräume, Diskothekenplatz), 50 Pionierlager, 200 „Stationen junger Naturforscher und Techniker", 50 „Stationen junger Touristen" (Wandern etc.) standen den Schülern in der DDR zur Verfügung.
Eher ökonomischen Hintergrund hatten Aktionen wie „Specki braucht Futter" (Sammlung von Eicheln und Kastanien für die Schweineversorgung im Winter) oder Altstoff-Sammlungen. Diese sollten einerseits das Verantwortungsgefühl stärken, dienten subtil aber auch der Teilhabe an der „sozialistischen Wirtschaft".
Die Pionierorganisation war dabei sehr straff organisiert. Kleinste Einheit war der sogenannte „Gruppenrat", die Gruppe aller Pioniere einer einzelnen Schulklasse. Der Klassenlehrer hatte die Aufgabe, diese Pioniergruppe anzuleiten.
Der sogenannte „Freundschaftsrat" war die Leitungsebene für alle Pioniere einer Schule und bestand aus ausgewählten Pionieren der Klassen 4–7 und wurde von einem hauptamtlichen „Pionierleiter" für die Schule geführt.
„Pionierleiter" war in der DDR ein eigener Beruf, mit eigener Ausbildung – auch das macht die Bedeutung der Kinder- und Jugendorganisationen für die Ideologisierung der Kinder in der DDR deutlich.
Die Hierarchie sowohl in der Pionierorganisation wie auch in der FDJ war deutlich von Oben nach Unten organisiert. Obwohl es zu den einzelnen Organen Wahlen gab – basisdemokratische Formen waren weitgehend unerwünscht. Es galt auch hier, „den Kindern die Politik der Partei und die Weltanschauung und Moral der Arbeiterklasse zu vermitteln". (Akademie der Pädagogischen Wissenschaften)
Beide Jugendorganisationen gaben sich deutliche äußere Kennzeichen:
Die „Jungpioniere" (Klasse 1–3) trugen zu offiziellen Anlässen das blaue Halstuch und eine Pionieruniform, die „Thälmannpioniere" (Klasse 4–7) das rote Halstuch, die FDJler ein blaues Hemd.
Wöchentliche Fahnenappelle mit Singen und militärisch angehauchten Meldungen zur Anwesenheit, wöchentliche politische Pioniernachmittage und in der FDJ schließlich das „FDJ-Studienjahr" durchsetzten den Schulalltag konsequent und regelmäßig mit politischer Betätigung.
Auch die Jugendorganisation FDJ bot den Jugendlichen in der DDR eine Vielzahl nichtideologischer Betätigungen – sie verfügte über Jugendklubs, Ensembles für Musik, Theater, Kabarett, Jugendbibliotheken, Verlagsanstalten, ein Jugendreisebüro; sie war beteiligt an Jugendherbergen und kümmerte sich um den Breitensport. Mit fortschreitendem Bestehen der DDR versuchte die SED hier vor allem, Jugendliche mit attraktiven Freizeitangeboten zu gewinnen.
Denn die kritische Auseinandersetzung mit dem Zustand des Systems in der DDR wuchs in den letzten 20 Jahren bei den Jugendlichen enorm.
Auch wenn ganz offiziell erwünscht war, dass die Mitgliedschaft in der FDJ eine Vorbereitung auf die spätere SED-Mitgliedschaft sein sollte und für eine spätere berufliche Tätigkeit in der NVA geworben wurde – die DDR-Jugend erhielt sich an vielen Stellen ihre Kritikfähigkeit und wurde schließlich sogar eine Keimzelle der Opposition in der DDR.

(http://www.deinegeschichte.de/fileadmin/user_upload/myhistory/download_files/ZET_Buch_01_Schule.pdf - 1.12.2014)

1 Erläutern Sie die Aussagen des Textes.
2 Beschreiben Sie die Möglichkeiten der Einflussnahme auf außerschulisches erzieherisches Handeln durch die SED.
3 Vergleichen Sie anfänglich außerschulische Erziehung in Ost und West.

5.3.3 Entwicklungslinien: Erziehung und Bildung in der DDR

Der Textauszug ist einer Internetseite der CDU nahen Konrad-Adenauer-Stiftung entnommen.

Bei der Errichtung ihrer Herrschaft setzte die SED große Hoffnungen auf die Jugend und baute daher bereits Ende der 1940er Jahre in der Sowjetischen Besatzungszone ein neues Bildungssystem auf.
Einerseits wollten die neuen Machthaber einen radikalen Bruch mit dem Schulsystem unter der nationalsozialistischen Diktatur; sie entließen deshalb beispielsweise einen Großteil der Lehrer und verboten auch den Gebrauch der bisherigen Lehrmittel. Gleichzeitig vollzogen sie einen Bruch mit traditionellen pädagogischen Strukturen. Für den Unterricht wurden zunächst sog. „Neulehrer“ rekrutiert und im Schnellverfahren ausgebildet. Viele von ihnen waren noch bis in die 1980er Jahre im Schuldienst.
Das Bildungssystem wurde später zweimal grundlegend reformiert – zunächst Mitte der 1950er Jahre und schließlich 1965 durch das „Gesetz über das einheitliche sozialistische Bildungssystem“. Die Bedeutung von Bildung und Erziehung für die SED-Politik zeigte sich auch darin, dass mit Margot Honecker die Ehefrau des Partei- und Staatschefs von 1963 bis 1989 als Minister (sic) für Volksbildung wirkte. Es galten folgende grundsätzliche Positionen in der Bildungspolitik: Einheitlichkeit, Staatlichkeit bzw. Weltlichkeit, Unentgeltlichkeit, Wissenschaftlichkeit, Parteilichkeit, Lebensverbundenheit.
Das gesamte Bildungswesen der DDR von der Kinderkrippe bis hin zur Hochschule war als einheitliches sozialistisches Bildungssystem definiert, und dieser Grundansatz wurde dann in konkreten Zielsetzungen ausformuliert. So sollten alle Kinder und Jugendlichen unabhängig von Geschlecht, Abstammung und sozialer Herkunft gleiche Zugangschancen zu den Bildungsmöglichkeiten der DDR haben, was auch die Aufhebung des Bildungsgefälles zwischen Stadt und Land beinhaltete. Der Aufbau eines einheitlichen Systems gestufter Bildungseinrichtungen sollte die Einheitlichkeit des Bildungssystems in Bezug auf Aufbau, Inhalt und Ziele ermöglichen, wozu auch einheitliche Lehrpläne und Lehrbücher gehörten.
Alle Kinder sollten nach ein und demselben Bildungskonzept eine gleichwertige und damit auch im Wesentlichen gleichartige Allgemeinbildung hohen Niveaus erwerben, um eine allseits begabte sozialistische Persönlichkeit zu entwickeln. Der Unterricht erfolgte von der 1. bis zur 10. Klasse gemeinsam in einer „Polytechnischen Oberschule“ (POS); Schüler mit überdurchschnittlichen Leistungen besuchten in der 11. und 12. Klasse die „Erweiterte Oberschule“ (EOS) und legten dort das Abitur ab. Überdies war das Abitur auch mit Berufsausbildung möglich (nach 13 Schuljahren und mit paralleler betrieblicher Ausbildung). Allerdings war der Zugang zum Abitur durch politische Bedingungen reglementiert: Kindern aus oppositionellen bzw. christlichen Elternhäusern war der Zugang zum Abitur und somit zur Hochschule zumeist verwehrt.
Die Verfassung der DDR legte die allgemeine zehnjährige Oberschulpflicht fest und betonte die Monopolstellung des Staates im Bildungsbereich. Das bedeutete zum einen, dass konfessionelle oder private Bildungsträger faktisch keine Möglichkeit besaßen, eigene Schulen anzubieten, und zum anderen, dass ausschließlich dem Staat durch die Gestaltung verbindlicher Lehrpläne die inhaltliche Gestaltung der Bildungsinhalte und Bildungsformen vorbehalten blieb.
Ab 1957 galt in der gesamten DDR die volle Schulgeldfreiheit an sämtlichen Schulen, auch an der Oberschule, ab 1965 zudem die Gebührenfreiheit des Studiums an Hoch- und Fachschulen.

Wehrkunde
Unter Wissenschaftlichkeit wurde in der DDR die Orientierung der Inhalte am dialektischen Materialismus verstanden. Die Schüler sollten im Sinne der Idee des Sozialismus und zur Affirmation der DDR erzogen werden („Partei ergreifen“), was auch die Wehrertüchtigung in den Schulen einschloss. Durch vielfältige Unterrichtsinhalte und Unterrichtsformen sollte der Unterricht sich mit dem Arbeitsleben

in der DDR verbinden. So gab es ab der 7. Klasse einen „Unterrichtstag in der Sozialistischen Produktion“ (UTP) im Fach „produktive Arbeit“. Die Schule war zudem eng mit der Politik verflochten, etwa über die Pionierorganisation sowie die FDJ. Zudem gab es an jeder Schule und an jeder Hochschule Grundorganisationen der SED.

Bildung und Erziehung unterstanden dem Ministerium für Volksbildung. Eine Ausnahme bestand für die Kinderkrippen, die dem Gesundheitswesen angegliedert waren, auch wenn sie trotzdem gemeinsam mit den Kindergärten die erste Stufe des staatlichen Bildungssystems bildeten. Bereits in diesen Einrichtungen gab es strikte kollektive Abläufe. So heißt es beispielsweise in der Verordnung über die Einrichtungen der vorschulischen Erziehung und die Horte von 1952: „Das Ziel aller Erziehungseinrichtungen ist die Erziehung der Jugend zu aktiven Erbauern eines einheitlichen, friedliebenden, demokratischen Deutschlands, zu aufrechten Patrioten, die fähig und bereit sind, die demokratischen Errungenschaften zu verteidigen und den Sozialismus zu verwirklichen.“

(Konrad Adenauer Stiftung, DDR Mythos und Wirklichkeit - Bildung und Erziehung, aus: http://www.kas.de/wf/de/71.6618 - 1.12.2014)

1 Skizzieren Sie die Entwicklungslinien.
2 Überprüfen Sie, ob der politische Standort des Verfassers/der Verfasser bei dem Textauszug der CDU nahen Konrad-Adenauer-Stiftung erkennbar wird.

Wodurch erhalten Menschen ihre Orientierung?
(Foto: Georg Bubolz, Erkelenz)

5.4 Zum Systemvergleich

5.4.1 Ludwig Liegle, Erziehung zur Anpassung?

Ludwig Liegle, geboren 1941 in Schwäbisch Gmünd, war bis zu seiner Emeritierung Professor für Allgemeine und Vergleichende Pädagogik in Tübingen.

Erziehung zur Anpassung in der Deutschen Demokratischen Republik? Das Fragezeichen kann man getrost weglassen. Erziehung zur Anpassung in der Bundesrepublik Deutschland? Auch hier braucht es kein Fragezeichen. Erziehung ist Anpassung. „Erziehen heißt", so Jean Piaget, „das Kind an das soziale Milieu des Erwachsenen anzupassen, mit anderen Worten, die psychobiologische Beschaffenheit des Individuums in Abhängigkeit von der Gesamtheit der kollektiven Realitäten, denen die Gemeinschaft Wert beimisst, zu verändern." „Es ist – und gewiss mit Recht – gesagt worden", so Sigmund Freud, „jede Erziehung sei eine parteiisch gerichtete, strebe an, dass sich das Kind der bestehenden Gesellschaftsordnung einordne, ohne Rücksicht darauf, wie wertvoll oder wie haltbar diese an sich sei." Die meisten Leser, auch die Pädagogen, werden solchen Beschreibungen zustimmen: so ist Erziehung. Und nicht nur in der DDR. Um auch noch einen Pädagogen zu Wort kommen zu lassen: „Eine Norm und feste Maxime der Erziehung gibt es nicht und hat es nie gegeben. Was man so nennt, war stets nur die Norm einer Kultur, einer Gesellschaft, einer Kirche, eines Zeitalters, der, wie alle gebundene Regung und Handlung des Geistes, auch die Erziehung hörig war und die sie in ihre Sprache übertrug." Erziehung zur Anpassung ist also eine allgemeine Tatsache. Wenn nun aber die für Piaget, Freud und Buber zeitgenössische Reformpädagogik mit den Worten eines ihrer wichtigen Verfechter und Historiographen sagt, dass die „Grundeinstellung der neuen Pädagogik … entscheidend dadurch charakterisiert (ist), dass sie … sich nicht als Vollzugsbeamten irgendwelcher objektiver Mächte dem Zögling gegenüber fühlt, des Staates, der Kirche, des Rechts, der Wirtschaft, auch nicht einer Partei oder Weltanschauung, und dass sie ihre Aufgabe nicht in dem Hinziehen des Zöglings zu solchen bestimmten vorgegebenen objektiven Zielen erblickt, sondern … dass sie ihr Ziel zunächst in dem Subjekt und seiner körperlich-geistigen Entfaltung sieht", so wird deutlich, dass es ein Spannungsverhältnis gibt zwischen der allgemeinen Tatsache einer Erziehung zur Anpassung und dem Recht des Kindes auf seine eigene Entwicklung, zu dessen Anwalt eine aufgeklärte Pädagogik werden kann. Dieses Spannungsverhältnis ist deshalb wünschenswert, weil nur durch Entgegensetzung die Ansprüche der Kinder bzw. der Kindheit gegenüber einer bestehenden gesellschaftlichen Ordnung und ihren Anpassungsforderungen geltend gemacht werden können.

Es unterscheiden sich Gesellschaften darin, wie stark in ihnen dieses Spannungsverhältnis – Anpassungsforderung hier, Kinderansprüche dort – ausgebildet ist; noch mehr indes unterscheiden sich Gesellschaften darin, ob oder ob nicht und in welchem Ausmaß dieses Spannungsverhältnis anerkannt und ein privates und öffentliches Bewusstsein seiner Existenz zugelassen und verbreitet ist. Wenn eine Gesellschaft von denen, die das Sagen haben, als so wohlgeraten dargestellt wird, dass eine Erziehung zur Anpassung als die beste Gewähr für die Entwicklung der Kinder gelten muss, dann ist es aller Wahrscheinlichkeit nach um die Aufgeklärtheit dieser Gesellschaft über sich selbst und um die Erziehung in dieser Gesellschaft nicht gut bestellt. Für eine solche Gesellschaft würde nicht mehr zutreffen, dass sie, wie Piaget sagt, „von den neuen Generationen Besseres als eine Nachahmung (erwartet): eine Bereicherung ihres Daseins." „Jede Erziehung strebt an", so habe ich Sigmund Freud zitiert, „dass sich das Kind der bestehenden Gesellschaftsordnung einordne, ohne Rücksicht darauf, wie wertvoll oder haltbar diese an sich ist." Jede Gesellschaft, so lässt sich fortsetzen, hält sich für wertvoll genug, um die Erziehung so einzurichten, dass

sie Kinder in die bestehende Ordnung einordnet. Und doch gibt es darin Unterschiede zwischen Gesellschaften.
Gilt vielleicht, dass Gesellschaften, für je wertvoller sie sich halten, desto stärker die Erziehung ausbauen und sie dafür einsetzen, die bestehende Ordnung in der Generationenfolge zu bewahren? Oder gilt umgekehrt, dass Gesellschaften, für je wertvoller sie sich halten, desto stärker sich auf die sozialisierende Wirkung ihrer Ordnung verlassen, ohne der bewusst veranstalteten Erziehung die entscheidende Rolle für die Entwicklung eines Einverständnisses der jungen Generation mit dieser Ordnung beizumessen?
Für die DDR jedenfalls scheint der zuerst genannte Zusammenhang wirksam zu sein. Die DDR nimmt, im Vergleich mit anderen Gesellschaften, eine Spitzenposition auf drei Feldern des Erziehungswettkampfes der Systeme ein; sie ist Meister
1. im Ausbau der veranstalteten, staatlich organisierten Erziehung;
2. in der Ausrichtung der gesamten Erziehung an der bestehenden Gesellschaftsordnung;
3. in der Deklaration der bestehenden Gesellschaftsordnung als besonders wertvoll. [...]
Es ist die Kombination dieser drei Meisterschaften – im Ausbau eines einheitlichen Bildungs- und Erziehungssystems, in der Ausrichtung der Erziehung an der bestehenden Ordnung und in der Wertschätzung dieser Ordnung –, welche die ungewöhnlich extensiven und intensiven Anpassungsleistungen begründet, die das Erziehungssystem der DDR erbringt.
Dass die Erziehung sich als „Vollzugsbeamten irgendwelcher objektiver Mächte" (etwa des Staates) fühlt, dies gilt nicht mehr als Problem, es gilt – wenn auch freilich nicht unter dem von vornherein kritisch gemeinten Motto des „Vollzugsbeamten" – als wünschenswert, ja als notwendig. Individuelle und gesellschaftliche Bedürfnisse, individuelle und gesellschaftliche Interessen, Ansprüche der Kinder und Anpassungsforderungen der Gesellschaft – sie stehen nicht mehr in einem Spannungsverhältnis, sie gelten als gleichgerichtet, identisch.
Vater Staat liebt seine Kinder und sorgt für sie, wie sie es bedürfen. „Die ganze Liebe und Fürsorge des Arbeiter- und Bauernstaates gehört der jungen Generation, die große Leistungen in der Produktion, im politischen und kulturellen Leben vollbringt ... Im sozialistischen Staat besteht zwischen den gesellschaftlichen Bildungszielen und den Interessen der Eltern Übereinstimmung." Das einheitliche sozialistische Bildungssystem, aus dessen gesetzgeberischer Grundlage diese Sätze stammen, ist das Werk eines Einheitsstaates und einer Einheitspartei. Keine öffentliche Instanz ist wirklich hörbar oder sichtbar, die der einheitlichen Orientierung Konkurrenz verschaffte, die ein abweichendes Bild des Bestehenden oder der erstrebenswerten Zukunft entwürfe.
[...]

(Aus: Ludwig Liegle, Erziehung zur Anpassung? In: Gerd Meyer und Jürgen Schröder [Hrsg.], DDR heute, Gunter Narr Verlag, Tübingen 1988, S. 80–84)

1 Arbeiten Sie den Gedankengang des Textes heraus.
2 Erörtern Sie die Position des von Liegle verwendeten Zitates von Sigmund Freud, „jede Erziehung sei eine parteiisch gerichtete, strebe an, dass sich das Kind der bestehenden Gesellschaftsordnung einordne."
3 Analysieren Sie den Textauszug von Liegle darauf hin, ob er zur Übersicht von Fend (im folgenden Abschnitt) passt.

5.4.2 Bildungssysteme im Kontext unterschiedlicher politischer Rahmenbedingungen

Helmut Fend wurde 1940 in Hohenems/Österreich geboren. Bis zu seiner Emeritierung war Fend Ordinarius für Pädagogische Psychologie an der Universität Zürich.

	Schule im Wertekanon westlicher Zivilisation	Schule im Kontext doktrinärer Systeme
Inhaltliche Erfahrungsfelder	Erfahrung von pluraler Kultur und Rationalität	Erfahrung von Indoktrination und kultureller Hegemonie
Interaktionelle Erfahrungsfelder „Anatomie der Macht" Anatomie der Beziehungskulturen	Erfahrung von Demokratie, von Transparenz, Erfahrung von Wohlwollen und Verständnis Erfahrung von Zugehörigkeit	Erfahrung von Herrschaft und Unterdrückung, von Ablehnung und sozialer Ausgrenzung
Strukturelle Erfahrungsfelder	Erfahrung von Gleichwertigkeit, Unbestechlichkeit und Selbstverantwortung	Erfahrung von Parteilichkeit und Abhängigkeit

(Aus: Helmut Fend, Neue Theorie der Schule. Einführung in das Verstehen von Bildungssystemen, 2., durchgesehene Auflage, VS Verlag für Sozialwissenschaften, Wiesbaden 2008, S. 97)

1 Setzen Sie die Tabelle in Beziehung zu Erziehung und Bildung in der BRD und der DDR im Zeitraum von 1949–1989.

2 Beurteilen Sie, ob bzw. inwiefern eine idealtypische Tabelle wie die vorliegende die konkrete Erziehungswirklichkeit eher erhellt oder verschleiert.

3 Beurteilen Sie den pädagogischen Ertrag einer Beschäftigung mit Erziehungszielen und Erziehungspraxis in der Geschichte/in anderem kulturellen und politischen Kontext.

„Jeder kann sich nur so gut selbst verwirklichen, wie es seine Umgebung zulässt."
Arthur Koestler, englischer Psychologe
(Foto: Georg Bubolz, Erkelenz)

6. Funktionen von Schule nach Helmut Fend

Graffiti-Wand „Rules of Life“ an einer Schule in Mönchengladbach
(Foto: Georg Bubolz, Erkelenz)

„Schule sollte nicht Vorbereitung auf das Leben sein. Schule sollte das Leben sein.“

Elbert Hubbard

6.1 Hinführung: Daniel Pennac, Schulkummer

Daniel Pennac, geboren 1944 in Casablanca, lebt als Schriftsteller in Paris. Für das Buch „Schulkummer" erhielt er 2007 den angesehenen Literaturpreis Prix Renaudot.
Im folgenden Textauszug lässt der Dichter eine Mutter zu Wort kommen, die an ihre Schulzeit zurückdenkt und auf heute bezieht.

Seit damals sind mehr als zwanzig Jahre vergangen. Heute gehört die Arbeitslosigkeit zu allen Kulturen, in unseren Breitengraden gibt es nicht mehr für viele eine berufliche Zukunft, auch um die Liebe steht es nicht besonders gut, und Nathalie muss jetzt eine junge siebenunddreißigjährige (siebenunddreißigeinhalbjährige) Frau sein. Und vielleicht Mutter. Von einer zwölfjährigen Tochter, wer weiß. Ist Nathalie arbeitslos oder mit ihrer gesellschaftlichen Rolle zufrieden? Verzweifelt vor Einsamkeit oder glücklich in der Liebe? Eine ausgeglichene Frau, Dr. sc. der Gründe und Gegengründe? Breitet sie abends, wenn sie mit ihrer Familie am Essenstisch sitzt, ihre Nöte aus, oder denkt sie tapfer an die Stimmung ihrer Tochter, wenn die ihre Klasse betritt?

(Aus: Daniel Pennac, Schulkummer. Aus dem Französischen von Eveline Passet, Kiepenheuer & Witsch, Köln 2009, S. 62)

1 Analysieren Sie den Textauszug daraufhin, welche Erwartungen an Schule implizit vorkommen.
2 Erläutern Sie, welche Funktionen Sie selbst der Schule in individueller und gesellschaftlicher Hinsicht beimessen, vergleichen Sie diese mit den im Textauszug implizierten Funktionen von Schule.

„Achtung Schule" – Irland
(Foto: Georg Bubolz, Erkelenz)

6.2 Gesellschaftliche und individuelle Funktionen des Bildungswesens in der Moderne

Helmut Fend wurde 1940 in Hohenems/Österreich geboren. 1978/79 übte er die Leitung des Landesinstituts für Schule und Weiterbildung des Landes Nordrhein-Westfalen aus. Bis zu seiner Emeritierung war Fend Ordinarius für Pädagogische Psychologie an der Universität Zürich. Er hat sich in den 1980er Jahren als Sozialisationsforscher an den Theorien von Parsons orientiert. Damals teilte er der Schule drei Sozialisationsfunktionen zu: die Qualifikationsfunktion, die Selektionsfunktion und die Legitimationsfunktion. Seit der Abfassung dieser Schultheorie hat er schrittweise eine „Neue Theorie der Schule" (2. Auflage 2008) entwickelt. Die folgenden Ausführungen stellen eine Zusammenfassung seiner neuen Sicht auf Schule und ihre Funktionen dar.

Resümierend ergibt sich, dass aus gesamtgesellschaftlicher Sicht das Bildungswesen vor allem die Funktion der Reproduktion und Innovation von Strukturen von Gesellschaft und Kultur beim biologischen Austausch der Mitglieder einer Gesellschaft erfüllt. Jede neue Generation wird über das Bildungswesen an den Stand der Fähigkeiten, des Wissens und der Werte herangeführt, der für das Fortbestehen der Gesellschaft erforderlich ist. In sich rasch wandelnden Gesellschaften wird das Bildungswesen gleichzeitig zu einem Instrument des sozialen Wandels, wenn es darauf ausgerichtet wird, neue Qualifikationen zu vermitteln, um zukünftige Aufgaben bewältigen zu können.

Gesellschaftliche Funktionen: Reproduktion und Innovation

Die soziale Reproduktionsaufgabe gliedert sich in drei Aufgabenbereiche, in denen jeweils Teilaspekte der Gesellschaft reproduziert werden.

1. Kulturelle Reproduktion

Im Schulsystem ist die Reproduktion kultureller Sinnsysteme institutionalisiert. Sie reicht von der Beherrschung grundlegender Symbolsysteme wie Sprache und Schrift, z. B. lateinischer oder kyrillischer Schriftzeichen, bis zur Internalisierung grundlegender Wertorientierungen, z. B. der Vernunftfähigkeit und moralischen Verantwortlichkeit des Individuums. Diese Reproduktionsfunktion soll im weiteren Verlauf als Funktion der Enkulturation bezeichnet werden. Sie bezieht sich auf die Reproduktion grundlegender kultureller Fertigkeiten und kultureller Verständnisformen der Welt und der Person. Bei einem Vergleich der christlichen Kultur mit islamischen, jüdischen oder auch indigenen Kulturen wird diese „tiefe Einfärbung" einer Person besonders sichtbar. Ein Blick in die okzidentale Geschichte von Schulen wird zeigen, dass die Beziehung zwischen Kultur, insbesondere in der Gestalt der Religion, der Schriftlichkeit, und dem Bildungswesen immer im Mittelpunkt stand. Durch diese Kulturinitiation werden Kinder in ihrer jeweiligen Kultur heimisch, sie bleiben nicht Fremde im eigenen symbolischen Umfeld.

2. Qualifikationsfunktion

Unter Qualifizierung soll die Vermittlung von Fertigkeiten und Kenntnissen verstanden werden, die zur Ausübung „konkreter" Arbeit erforderlich sind. Was wir als Lehre kennen, bildet das institutionalisierte Arrangement zur Erfüllung dieser Qualifikationsfunktion. Im Mittelpunkt steht hier der Zusammenhang zwischen der Entwicklung von Wissen und Fertigkeiten in einer Kultur und ihrer Überlieferung und Einübung in Bildungseinrichtungen. In der Moderne haben die Qualifikationen, die zur Aufrechterhaltung und Verbesserung der wirtschaftlichen Wettbewerbsfähigkeit erforderlich sind, eine große Bedeutung erlangt. Diese Bedeutung steht heute so im Vordergrund, dass sie in der ersten Theorie der Schule jene der Enkulturation in den Hintergrund hat treten lassen. Dies wird hier korrigiert.

3. Die Allokationsfunktion des Bildungswesens

Die dritte gesellschaftliche Funktion des Bildungswesens bezieht sich direkt auf die Sozial-

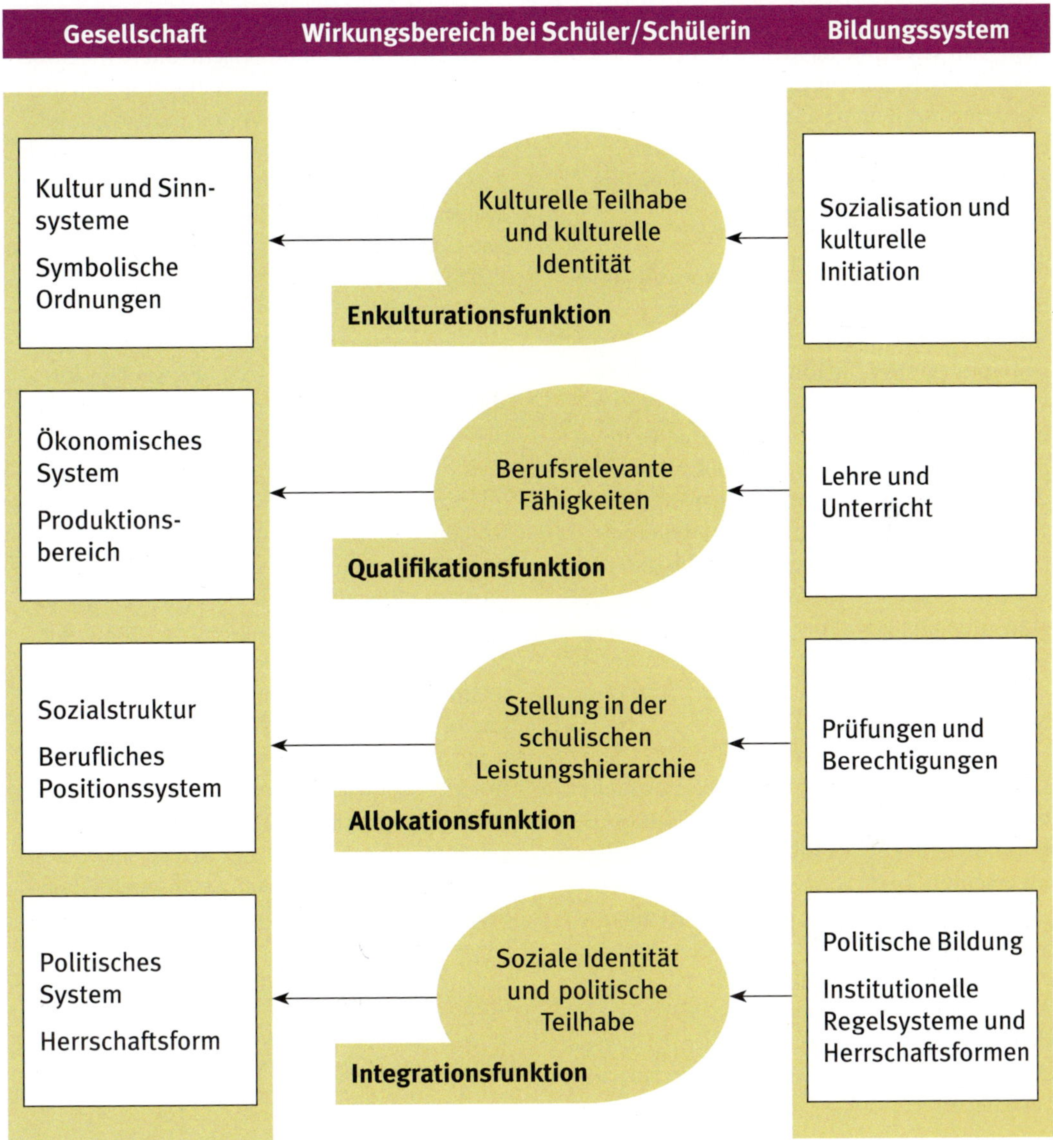

Funktionsschema des Zusammenhanges von Schule und Gesellschaft

struktur einer Gesellschaft. Unter Sozialstruktur wird die soziale Gliederung einer Gesellschaft nach Bildung, Einkommen, Kultur und sozialen Verkehrsformen verstanden. Für die Zuordnung des Bildungswesens zur gesellschaftlichen Arbeitsteilung ist besonders das System von Positionsverteilungen einer Gesellschaft wichtig, das unterschiedliche Qualifikationen erfordert. Das Bildungswesen schafft über das Prüfungswesen Zuordnungen zwischen den Leistungen der Schülerschaft und ihren beruflichen Laufbahnen. Wie die empirische Bildungsforschung gezeigt hat, ist dieser Prozess von der sozialen Lage des Elternhauses beeinflusst, sodass bei aller Offenheit der Bildungswege auch hier Reproduktionsformen der sozialen Struktur der älteren Generation in der jüngeren sichtbar werden. Die Aufgabe, die Verteilungen auf zukünftige Berufslaufbahnen und Berufe vorzunehmen, soll Allokationsfunktion genannt werden. Ich spreche deshalb nicht von Selektion, da nicht die Ausschließung aus erwünschten Bildungslaufbahnen im Vordergrund stehen kann, sondern eine legitimierbare Allokation von Personen mit bestimmten Qualifikationen zu Aufgaben mit bestimmten Anforderungen.

4. Die Integrations- und Legitimationsfunktion des Bildungswesens: Friedenssicherung
Schulsysteme sind Instrumente der gesellschaftlichen Integration. In ihnen ist aber auch die Reproduktion von solchen Normen, Werten und Weltsichten institutionalisiert, die zur Stabilisierung der politischen Verhältnisse dienen. Im Rahmen des Bildungswesen wird einmal die Schaffung einer kulturellen und sozialen Identität ermöglicht, die die innere Kohäsion einer Gesellschaft mitbestimmt, und zum anderen besteht der Beitrag des Bildungssystems in der Schaffung von Zustimmung zum politischen Regelsystem und in der Stärkung des Vertrauens in seine Träger.

Der zusammenfassenden Orientierung dient die Abbildung, in der die vier Reproduktionsfunktionen des Schulsystems auf die jeweiligen innerschulischen Prozesse bezogen sind, durch die sie realisiert werden. Funktionen sollen somit die Beiträge heißen, die für die Aufrechterhaltung sozialer Systeme und ihrer „Handlungsfähigkeit" notwendig sind. Sie werden in den Händen der politisch Verantwortlichen zu Aufgaben, die in ihrer Gestaltungsverantwortung liegen.

Kulturelle Systeme bedürfen zu ihrer Bewahrung der Reproduktion. Im ökonomischen System besteht die Notwendigkeit der Qualifikation der Arbeitskraft, die eine Institutionalisierung der Ausbildung erfordert. Lehre und Unterricht sind der Lösung dieses Problems direkt zugeordnet. Die entsprechenden Bildungswirkungen bei der Schülerschaft sind berufsrelevante Kenntnisse und Fähigkeiten im engen Sinne.
Die Systemprobleme im Bereich der gesellschaftlichen Sozialstruktur ergeben sich aus der Notwendigkeit, die junge Generation beruflichen Positionen mit unterschiedlichem Anforderungsniveau zuzuordnen, Positionsinhaber zu rekrutieren und die Verteilung hoher und niedriger sozialer Positionen zu sichern. Solche Zuordnungen werden im Schulsystem über Prüfungen und Berechtigungen vorbereitet.
Die Charakterisierung der Integrationsfunktion des Schulsystems ist dort relativ einfach, wo eine direkte Beziehung zwischen den Systemproblemen des politischen Bereichs und den inhaltlichen Lernprozessen besteht. Die entsprechenden politischen Orientierungen werden im Schulsystem direkt vermittelt, etwa im Geschichtsunterricht, im Deutschunterricht oder in „civic studies". Da der Begriff des „politischen Systems" so weit gefasst werden muss, dass darunter auch die grundlegenden Autoritätsverhältnisse einer Gesellschaft bzw. die in dem schulischen Prüfungssystem inhärenten Normen und Werte fallen, gehört zur Integrationsfunktion des Schulsystems sowohl die Legitimation von Autorität als auch von Leistungsorientierung. Sie wird über die Organisation des schulischen Gemeinschaftslebens bzw. über das strukturelle Arrangement der Schule geleistet. Dieses Modell entwirft so eine Orientierung zu den wichtigsten gesellschaftlichen Funktionen von Bildungssystemen in der Gegenwart.

(Aus: Helmut Fend, Neue Theorie der Schule. Einführung in das Verstehen von Bildungssystemen, 2., durchgesehene Auflage, VS Verlag für Sozialwissenschaften, Wiesbaden 2008, S. 49–52)

1 Erläutern Sie mit Hilfe des Textauszuges das Schaubild zum Zusammenhang von Schule und Gesellschaft.
2 Erörtern und beurteilen Sie, inwiefern die Überlegungen Fends zur Enkulturationsfunktion, Qualifikationsfunktion, Allokationsfunktion und Integrationsfunktion von Schule von pädagogisch-praktischer Relevanz sind. Belegen Sie Ihre Auffassung mit Beispielen.

6.3 Leitideen zur Gestaltung funktionaler Beziehungen zwischen Schulsystem und Gesellschaft

Helmut Fend referiert weiter:

In den westlichen Demokratien sind die funktionalen Beziehungen des Bildungswesens zur Gesellschaft nicht nur ein „Geschehen“, sondern auch eine normativ zu gestaltende Aufgabe. Die kulturelle Reproduktionsfunktion des Bildungswesens steht unter dem Leitstern der Sinnvermittlung, oder Förderung von *Rationalität* und *Wissenschaftlichkeit*. In der Tradition der Aufklärung richtet sie Bewusstseinsbildung und Kompetenzen am Erwerb von Fähigkeiten der Reflexion, der eigenständigen Urteilsbildung und der moralischen Entscheidungsfähigkeit aus. Die Qualifikationsfunktion wird heute – problemloser als vor zwanzig Jahren – als wesentlich für die Erzeugung eines *„Humankapitals“* im Sinne der Berufsfähigkeit der jüngeren Generation gesehen, das für die internationale Wettbewerbsfähigkeit einer Wirtschaft zentral ist.

Die Allokationsfunktion steht unter den normativen Optionen von *Offenheit*, *Leistungsgerechtigkeit* und *Mobilität*.

Die Integrationsfunktion wird vom Anspruch her gestaltet, das Bildungswesen als Teil der Demokratisierung einer modernen Gesellschaft zu sehen, reflektierte Teilnahme zu fördern und die Zugehörigkeit zu stärken. Politische Systeme internationalisieren sich zunehmend und sie werden immer stärker von Verfassungsnormen geleitet, die die Inklusion aller Individuen in den menschlichen Verantwortungszusammenhang betonen. Die Integration in ein nationales Gemeinwesen muss deshalb immer stärker die internationale Perspektive mit berücksichtigen (s. für eine modernitätstheoretische Interpretation van der Loo & von Reijen, 1992).

Die individuellen Funktionen des Bildungswesens

Stand oben die Sichtweise der Gesellschaft im Vordergrund, so öffnet die Perspektive von „unten“, also die Sichtweise der betroffenen Schülerinnen und Schüler und Eltern, den Blick für die Gelegenheitsstrukturen und Regelsysteme, die die Schulsysteme für die individuellen Lebensverläufe bieten.

Die Enkulturationsfunktion bietet die Chance, die Autonomie der Person im Denken und Handeln zu stärken. Der Qualifikationsfunktion entspricht die Chance, Wissen und Fähigkeiten zu erwerben, die eine selbstständige berufliche Lebensführung ermöglichen. Damit bietet das Bildungswesen die institutionelle Gelegenheitsstruktur zur Entwicklung der individuellen Leistungspotenziale.

Der Allokationsfunktion korrespondiert die Möglichkeit, den beruflichen Aufstieg und die berufliche Stellung durch eigene Lernanstrengungen und durch schulische Leistungen in die Hand zu nehmen. Das Bildungswesen wird dadurch zum Kontext der Planung individueller Bildungs- und Berufsbiografien, es wird zum zentralen Instrument der Lebensplanung.

Der Integrationsfunktion entspricht die Chance der Begegnung mit den kulturellen Traditionen eines Gemeinwesens. Damit wird soziale Identitätsbildung, Identifikation und soziale Bindung als Grundlage für soziale Verantwortung ermöglicht. In der Summe wird sichtbar, welches Potenzial das Bildungswesen für die „Stärkung“ der heranwachsenden Person enthält, das aber nicht allen in gleicher Weise zugänglich ist. Dieses Verhältnis von Chanceneröffnung und Chancenverschließung wird uns in dieser Arbeit immer wieder begleiten.

Die Doppelfunktion des Bildungswesens

Die Struktur dieser gesellschaftstheoretischen Konzeption von Bildungssystemen ist in Abb. S. 74 nochmals zusammengefasst. Dabei wird von der gesellschaftlich-kulturellen Reproduktions- bzw. Innovationsaufgabe des Bildungswesens ausgegangen, die sich in modernen Gesellschaften mit stark ausdifferenzierten Subsystemen in jene gliedern, die auf die Kultur (Enkulturation) und Wirtschaft (Qualifikation), die Sozialstruktur (Allokation) und die politi-

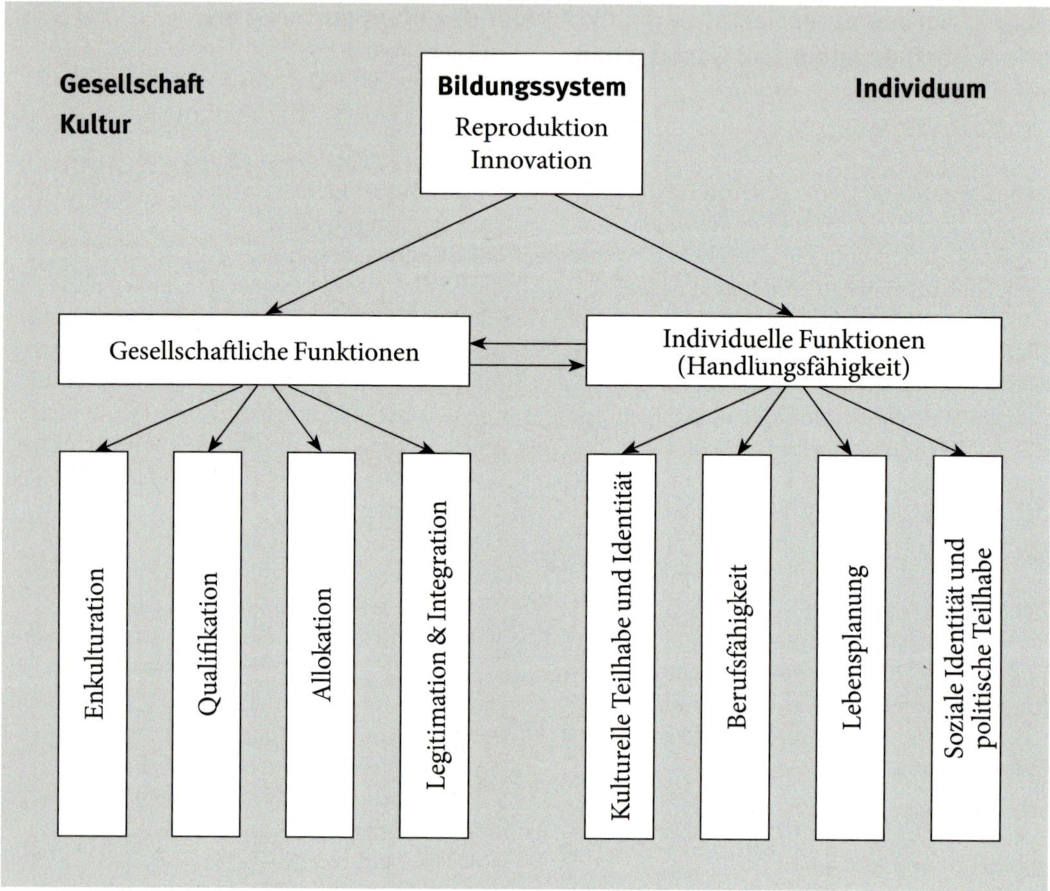

Struktur der gesellschaftstheoretischen Analyse von Bildungssystemen

schen Systeme (Legitimation und Integration) bezogen sind.

Den gesellschaftlichen Funktionsleistungen entsprechen jeweils individuelle Handlungs- und Entwicklungschancen. Der gesellschaftlich-kulturellen Reproduktion entspricht die individuelle Funktion der Herstellung von Handlungsfähigkeit, die sich in Qualifikationserwerb, Lebensplanung, sozialer Orientierung und Identitätsbildung entfaltet.

Bildungssysteme als Teil des universalen Projekts der Moderne

Mit dem Leistungspotenzial des Bildungswesens, das in den erwähnten Funktionen zum Ausdruck kommt, wird sichtbar, wie bedeutsam Schulsysteme heute für die Erhaltung und Weiterentwicklung der Gesellschaften sind. In den letzten Jahren hat sich diese Sichtweise konsolidiert. In ihrem Gefolge haben sich nicht nur internationale Organisationen wie die OECD und die UNESCO verstärkt mit dem Stand und der Entwicklung von Bildungssystemen in internationaler Perspektive beschäftigt. Auch die soziologische Theoriebildung ist auf deren Bedeutung für die Entwicklung moderner Gesellschaften aufmerksam geworden.

Beim Vergleich unterschiedlich hoch entwickelter Gesellschaften wird die strategische Bedeutung von Bildungssystemen besonders augenfällig.

Hier schließt sich der Kreis zur Modernisierungskonzeption, von der ich im Anschluss an Parsons ausgegangen bin. Adick (1992) spricht von der Universalisierung des Modells der Schule in Zivilgesellschaften und belegt dies mit

Fallstudien zu politischen Strategien der Schulentwicklung in unterentwickelten und sich entwickelnden Ländern. Sie alle haben als Zielrichtung den Aufbau von Bildungssystemen mit großer Leistungsfähigkeit, die die Funktionen der Enkulturation, Qualifikation, Allokation und Integration erfüllen sollen. Unter anderen Rahmenbedingungen holen sie dabei Entwicklungen nach, die sich bei europäischen Bildungssystemen in den letzten zwei Jahrhunderten abgespielt haben.
Der Zusammenhang zwischen *Modernisierung*, dem Anstieg von „*mass education*" und dem *Fortschritt von Entwicklungsländern* ist in der Arbeitsgruppe von Meyer soziologisch am klarsten, aber auch mit kritischen Untertönen, formuliert worden (Hüfner, Meyer, & Naumann, 1987; Meyer & Hannan, 1979; Ramirez & Boli, 1987). Danach folgt der Aufbau von Bildungssystemen in der dritten Welt einem Motivationsmuster und einem Entwicklungsmuster, das dem Weg der europäischen Bildungssysteme zu leistungsorientierten Bildungssystemen und zur Einbindung des Bildungswesens in das Funktionssystem moderner Gesellschaften verwandt ist.

(Aus: Helmut Fend, Neue Theorie der Schule. Einführung in das Verstehen von Bildungssystemen, 2., durchgesehene Auflage, VS Verlag für Sozialwissenschaften, Wiesbaden 2008, S. 52–55)

1 Erläutern Sie mit Hilfe des Textauszuges das Schaubild zu gesellschaftlichen und individuellen Funktionen von Schule.
2 Erörtern und beurteilen Sie, inwiefern die „Modernisierungskonzeption" Fends für das Verstehen von Bildungssystemen und für die Setzung pädagogischer Maßnahmen (auf individueller wie gesellschaftlicher Ebene) hilfreich ist.

„Leistung – Verantwortung – Kreativität" – welche gesellschaftliche Funktion haben schulische Erziehungs- und Bildungsziele?
(Foto: Georg Bubolz, Erkelenz)

7. Glossar

Allokation (von lat. *locare*, mlat. *allocare* „platzieren", im weiteren Sinne „zuteilen") Zuordnung von beschränkten Ressourcen zu potentiellen Verwendern. In ökonomischem Kontext: Zuordnung knapper Ressourcen auf verschiedene Verwendungsmöglichkeiten in einer Ökonomie

Ambiguitätstoleranz (von lat. *ambiguitas* „Zweideutigkeit", „Doppelsinn") Fähigkeit, Widersprüchlichkeiten, seien es kulturell bedingte Unterschiede oder mehrdeutige Informationen, die schwer verständlich oder sogar inakzeptabel erscheinen, wahrzunehmen und nicht vorschnell negativ oder – häufig bei kulturell bedingten Unterschieden – vorbehaltlos positiv zu bewerten. „Ambiguitätstoleranz" spielt in unterschiedlichen psychologischen, soziologischen und pädagogischen Theorien eine wichtige Rolle, insbesondere bei der Persönlichkeitsentwicklung/Identitätsentwicklung und beim sozialen Lernen. Ambiguitätstoleranz wird ebenfalls als eine Voraussetzung für die interkulturelle Kompetenz eines Menschen angesehen.

Ambivalenz (von lat. *ambo* „beide" und *valere* „gelten") Nebeneinander von gegensätzlichen Gefühlen, Gedanken und Aussagen (Humanwissenschaften) verstanden. Umgangssprachlich gebräuchlich ist das Adjektiv „ambivalent" im Sinne von „zwiespältig, doppelwertig, mehrdeutig, vielfältig".

Analogie Ähnlichkeit bei gleichzeitiger Unähnlichkeit

Anatomie (aus griechisch ἀνά „auf" und τομή „Schnitt") ist die Lehre vom Aufbau der Organismen. Umgangssprachlich wird damit auch die Untersuchung des Aufbaus eines Organismus oder eines Gegenstandes bezeichnet.

Äquivok (von spätlat. *aequivocus*, zusammengesetzt aus: *aequus* „gleich" und *vocare* „rufen") zwei-, mehrdeutig, von verschiedener Bedeutung trotz gleichen Lautes, doppelsinnig, verschieden deutbar

Autonomie (von griechisch αὐτονομία, „Eigengesetzlichkeit, Selbstständigkeit", aus αὐτός, „selbst" und νόμος, „Gesetz") Zustand der Selbstbestimmung, Selbstständigkeit, Unabhängigkeit, Selbstverwaltung oder Entscheidungsfreiheit. In der idealistischen Philosophie wird unter „Autonomie" die Fähigkeit verstanden, sich als Wesen der Freiheit zu begreifen und aus dieser Freiheit heraus zu handeln.

Civic studies (engl.) politische Bildung

Cybermobbing absichtliches Beleidigen, Bedrohen, Bloßstellen oder Belästigen anderer mit Hilfe moderne Kommunikationsmittel, zumeist über einen längeren Zeitraum, im Internet etwa durch E-Mails, Instant Messenger, in Sozialen Netzwerken, durch Videos auf Portalen oder per Handy (SMS bzw. unerwünschte Anrufe). Der Täter – „Bully" genannt – agiert oft anonym, so dass das Opfer nicht genau erkennen kann, von wem die Angriffe kommen. Bei Cybermobbing unter Kindern und Jugendlichen kennen Opfer und Täter einander jedoch zumeist in der „realen" Welt.

Deterministisch die Freiheit/Willensfreiheit verneinend; vorher bestimmbar

Dialektischer Materialismus philosophische Weltanschauung, welche die Methode der Dialektik, des Denkens in Widersprüchen, verwendet, um die Welt auf materieller Grundlage zu erklären. Der dialektische Materialismus geht auf Karl Marx und Friedrich Engels zurück. Wichtig ist der Gedanke, dass die Einheit der Welt in der Materie, die für ewig und unendlich gehalten wird, begründet ist. So werden Unterschiede von Bewusstsein und Sein, von belebten und unbelebten Dingen anerkannt. Zugleich wird an einem gemeinsamen Ursprung der Materie festgehalten. Der dialektische Materialismus gilt als die philosophische Grundlage des Marxismus, in dem er zur Erklärung von Entwicklungsgesetzmäßigkeiten in Natur und Gesellschaft verwendet wird.

Digital Natives („digitale Ureinwohner") Personen, die mit digitalen Technologien wie Computern, Internet, Mobiltelefonen, MP3-Player usw. aufgewachsen sind.

Dr. sc. (lat. *doctor scientiarum*) Bezeichnung

eines wissenschaftlichen Doktorgrades, zumeist wird noch die Richtung ergänzt
Dysfunktional mit mangelhafter oder fehlender Funktion

Emanzipation (von lat. *emancipatio*, „Entlassung des Sohns aus der väterlichen Gewalt") seit dem 17./18. Jahrhundert: aus dem Akt des Gewährens von Selbstständigkeit wandelte sich die Bedeutung in Richtung einer Aktion gesellschaftlicher und politischer Selbstbefreiung; Ziel ist ein Zugewinn an Freiheit oder Gleichheit, meist durch Kritik an Diskriminierung oder hegemonialen Strukturen, oder auch die Verringerung von Abhängigkeit, etwa von den Eltern.
Emeritierung Versetzung in den Ruhestand (eines Hochschullehrers)
Empathie Fähigkeit, sich in andere einzufühlen und im eigenen Handeln die Interessen anderer zu berücksichtigen
EOS Erweiterte Oberschule, die in der DDR zum Abitur führte
Existenzphilosophie philosophische Richtung, der es um die „Existenz" des Menschen, etwa sein „In-der-Welt-Sein" (Martin Heidegger), geht. Innerhalb der Existenzphilosophie gibt es verschiedene Richtungen, der Existentialismus kann als besondere Ausdrucksform der französischen Existenzphilosophie gelten.

FDJ (Freie Deutsche Jugend) staatliche Jugendorganisation der DDR
FTF-Kommunikation (Face-to-face-Kommunikation) Kommunikation von Angesicht zu Angesicht ohne technische Vermittlung

Hegemonie Vorherrschaft
Historischer Materialismus Theorien zur Erklärung von gesellschaftlichen und geschichtlichen Prozessen, die gemäß der „materialistischen Geschichtsauffassung" von Marx und Engels geformt sind. Nach Friedrich Engels geht „die materialistische Anschauung der Geschichte … von dem Satz aus, dass die Produktion, und nächst der Produktion der Austausch ihrer Produkte, die Grundlage aller Gesellschaftsordnung ist; dass in jeder geschichtlich auftretenden Gesellschaft die Verteilung der Produkte, und mit ihr die soziale Gliederung in Klassen oder Stände, sich danach richtet, was und wie produziert und wie das Produzierte ausgetauscht wird. Hiernach sind die letzten Ursachen aller gesellschaftlichen Veränderungen und politischen Umwälzungen zu suchen nicht in den Köpfen der Menschen, in ihrer zunehmenden Einsicht in die ewige Wahrheit und Gerechtigkeit, sondern in Veränderungen der Produktions- und Austauschweise; sie sind zu suchen nicht in der Philosophie, sondern in der Ökonomie der betreffenden Epoche." Im Historischen Materialismus wird der Ablauf der Geschichte als durch ökonomische Prozesse gesetzmäßig bestimmte Entwicklung der menschlichen Gesellschaft betrachtet. Als materielle Triebkräfte der gesellschaftlichen Entwicklung werden sozio-ökonomische Widersprüche aufgefasst, die den *„Kampf und die Einheit der Gegensätze"* beinhalten. Die Lösung der jeweiligen gesellschaftlichen Widersprüche führt gesetzmäßig zu gesellschaftlichen Veränderungen. Durch die Veränderung menschlicher Umwelt mit Hilfe von Arbeit, produziert der Mensch sich selbst als gegenständliches und gesellschaftliches Wesen. Die gesellschaftlichen Verhältnisse wirken auf ihn zurück, sie machen letztlich sein geschichtliches Wesen aus.
Hybridexistenz Leben, das sich gebündelt, gekreuzt oder gemischt darstellt; Leben in mehreren Welten

Ideologie (von griechisch ἰδεολογία – Lehre von der Idee bzw. Vorstellung) philosophisch betrachtet eine Weltanschauung, die einen hohen Anspruch auf Wahrheit erhebt und die für abweichende Lehrmeinungen kaum noch offen ist. – Der Begriff „Ideologie" wird heute in einer neutralen oder einer abwertenden Bestimmung verwendet. In marxistischem Kontext hat der Begriff eine positive Konnotation.

KMK (Kultusministerkonferenz) politisches Organ in der Bundesrepublik Deutschland, das die Aufgabe ausübt, die Bildungs- und Kulturpolitik der Länder zu koordinieren
Kohäsion im soziologischen Sinn Zusammenhalt von Gruppen und Völkern

Kontingenz (von lat. *contingere* „[sich] berühren, [zeitlich unvorhergesehen] zusammenfallen“) in philosophischem Kontext die Nicht-Notwendigkeit potenzieller Ereignisse im Unterschied zu metaphysischer, schicksalshafter Notwendigkeit; in soziologischem Kontext die prinzipielle Offenheit menschlicher Lebenserfahrungen; in psychologischem Kontext ein gemeinsames Auftreten zweier Merkmale oder die Verbundenheit zweier Ereignisse

Lynchjustiz illegale eigenmächtige Exekution tatsächlicher oder vermeintlicher Verbrecher oder unliebsamer Personen ohne anerkanntes richterliches Verfahren

Marxismus-Leninismus die politische Ideologie der Sowjetunion ab Mitte der 1920er Jahre. Der Marxismus-Leninismus wurde von Josef Stalin definiert als „die durch Lenin weiterentwickelte Marx'sche Lehre unter den neuen Verhältnissen des Klassenkampfes in der Epoche des Imperialismus und der proletarischen Revolutionen“.
Metakommunikation Kommunikation über die Kommunikation

Netzwerk zwischenmenschliche Beziehungen als emotionale Verbindungen zwischen Individuen, ähnlich Knoten in einem Netz
NVA (Nationale Volksarmee) Wehrmacht der DDR

Paradoxie Widerstreit zweier gleichermaßen begründeter Sinngehalte
Parlamentarischer Rat politisches Organ der von den elf Ministerpräsidenten der deutschen Länder der drei westlichen Besatzungszonen auf Anweisung der drei Westmächte Frankreich, Großbritannien und Vereinigte Staaten von Amerika eingesetzt wurde, um den politischen Neuanfang in Westdeutschland anzustoßen. Aufbau und Struktur des Parlamentarischen Rats entsprach dem einer demokratischen Legislative mit Abgeordneten, Präsidium, Fraktionen und Ausschüssen, wobei die Abgeordneten aus einzelnen Landesparlamenten entsandt waren.
Partizipation Teilhabe
Peergroup Gruppe der Gleichaltrigen
Pionierorganisation staatliche Kinderorganisation der DDR
Polytechnisches Prinzip Verbindung von Unterricht und Praxis in der DDR-Pädagogik
POS (Polytechnische Oberschule) die allgemeine Schulform im Schulsystem der DDR; sie umfasste zehn Klassen. Die POS entstand aus der Schulreform von1959 und verkörpert konzeptionell eine einheitliche zehnjährige Gemeinschaftsschule ohne innere oder äußere Differenzierung während des regulären Unterrichts, so dass der Klassenverband – sieht man von den Abiturabgängern zur Erweiterten Oberschule (EOS) ab – über die Schuljahre hinweg erhalten blieb.
Proletarisch auf die Arbeiterklasse bezogen
Psychopathologisch (von griechisch ψυχή „Hauch“, „Seele“, „Gemüt“ und πάθος, „Leiden, Leidenschaft, Sucht, Pathos“ und λόγος „Wort, Vernunft, Sinn, Lehre“) die Lehre von den psychischen Erkrankungen betreffend; psychisch, seelisch krank

Rules of Life Lebensregeln

Schizophrenie Gruppe von schweren psychischen Krankheitsbildern mit ähnlichen Symptomen, u. a. etwa Störungen im Bereich von Wahrnehmung, Denken, der Ich-Funktionen, Affektivität, Antrieb oder Psychomotorik. „Stimmenhören“, „Wahn, verfolgt, ausspioniert oder kontrolliert zu werden“ sind zuweilen beobachtete Charakteristika. Auch „Halluzinationen“ sind möglich. Die Sprache kann unverständlich werden, das Denken ist allerdings nur in der akuten Krankheitsphase gestört. Es besteht noch keine eindeutige Ursachenbeschreibung für Schizophrenie. Multifaktorielle Prozesse werden vermutet.
SED (Sozialistische Einheitspartei Deutschlands) politische Partei, die aus der Zwangsvereinigung von KPD und SPD 1946 hervorging. Als alleinregierende Staatspartei der 1949 gegründeten DDR ergab sich, dass die SED in der DDR bis 1990 gesetzmäßig allein regierte. Sie durchdrang Legislative, Exekutive und Judikative mit SED-Nomenklaturkadern (linientreue Führungskräfte).

Semistrukturiertes Interview Befragungsmethode von Probanden, die Offenheit für situative Variationen lässt; es gibt zwar einen genauen Interviewplan, doch der Interviewer kann innerhalb dieses Plans bestimmte Fragen vorziehen und andere zurückstellen.
Smal World Theorem/Smal World Phenomenon (Kleine-Welt-Phänomen) der sozialpsychologische Begriff geht auf Stanley Milgram (1967) zurück, der innerhalb der sozialen Vernetzung in der modernen Gesellschaft den hohen Grad abkürzender Wege durch persönliche Beziehungen so bezeichnete. Zugrunde liegt die Hypothese, nach der jeder Mensch als sozialer Akteur auf der Welt mit jedem anderen über eine überraschend kurze Kette von Bekanntschaftsbeziehungen – sechs Bekannte – verbunden ist, obwohl die „Dichte" des sozialen Netzwerks aller Akteure sich statistisch als extrem gering erweist.
SNS (Social Network Sites) Seiten sozialer Netzwerke im Internet
Strong ties – weak ties Differenzierung zwischen starken und schwachen Bindungen, die auf den amerikanischen Soziologen Mark Granovetter zurückgeht. Sie ist Ausdruck für Qualität, Intensität und Frequenz der sozialen Beziehungen. Demnach hat jeder Mensch *strong ties* (enge Beziehungen zu einer beschränkten Anzahl von Menschen). Je enger diese Beziehungen sind, desto höher ist das soziale Kapital, da sie dem Nutzer Ressourcen in Form von Wertschätzung, Liebe, Fürsorge, Hilfeleistungen bieten können. Daneben existieren auch *weak ties*, d. h. auf schwachen Beziehungen beruhende Zufallsbekanntschaften, die das gesellschaftliche Universum in ein „Global Village" verwandeln und im Social Web häufiger als enge Beziehungen vorkommen.
Synchronisierung (von griechisch συν „zusammen", χρόνος „Zeit") die zeitliche Abstimmung von Vorgängen aufeinander, so dass Vorgänge gleichzeitig (synchron) oder in einer bestimmten Reihenfolge ablaufen können.

User Anwender

Valenz Wertigkeit
Volkskammer der DDR von 1949 bis 1990 das nominell höchste Verfassungsorgan und Parlament der DDR
VZ-Netzwerke Sammelname für ein Unternehmen für webbasierte soziale Netzwerke, das von 2007 bis 2012 zur Verlagsgruppe Georg von Holtzbrinck gehörte. Bedient wurden unterschiedliche Zielgruppen: das Online-Projekt studiVZ richtete sich an Studenten, ein schülerVZ an Schülerinnen und Schüler, meinVZ an jedermann. Das 2009 in VZnet Netzwerke Ltd. umbenannte Unternehmen verlor zunehmend User. 2013 wurde das schülerVZ geschlossen.

Wissenschaftsrat 1957 gegründetes wissenschaftspolitisches Beratungsgremium in der BRD; es berät Bund und Länder in Fragen der Weiterentwicklung des Hochschulsystems und der staatlichen Förderung von Forschungseinrichtungen.

Nachweis der Kurzzitate

8: Friedrich Fröbel http://www.h-age.net/hinter-den-kulissen/zitate-zum-spiel-a-spielen.html – 1.12.2014

18: Meret Oppenheim http://www.artberlin.de/ausstellung/meret-oppenheim/ – 1.12.2014

26: Thomas Wanhoff, Wa(h)re Freunde. Wie sich unsere Beziehungen in sozialen Online-Netzwerken verändern. Spektrum Akademischer Verlag, Heidelberg 2011, S. XII

38: Friedrich Nietzsche http://www.aphorismen.de/zitat/5874

46: http://www.christian-sachse.de/20120627_Wehrerziehung_Erfurt.pdf – 1.12.2014

67: Arthur Koestler, zit. nach: Helmut Fuchs, Winfried U. Graichen, Bessere Lernmethoden, mvg Verlag, München, 1990, S. 70

68: http://philosophie-zitate.blogspot.de/search/label/Schulen – 1.12.2014

80: Friedrich Schiller, Erzählungen, Theoretische Schriften, Bd. 5, Hrsg. von Wolfgang Riedel, Hanser Verlag, München, 2008, Ästhetische Abhandlungen, Ästhetische Erziehung, 15. Brief, S. 618

„Der Mensch spielt nur, wo er in voller Bedeutung des Worts Mensch ist, und er ist nur da ganz Mensch, wo er spielt."
Friedrich Schiller
(Foto: Georg Bubolz, Erkelenz)